LES
AXIOMES DU DROIT FRANÇAIS

PAR LE SIEUR CATHERINOT

AVEC

UNE NOTICE SUR LA VIE ET LES ÉCRITS DE L'AUTEUR

PAR

Édouard LABOULAYE

DE L'INSTITUT
PROFESSEUR AU COLLÈGE DE FRANCE

ET

UNE BIBLIOGRAPHIE RAISONNÉE DES ÉCRITS
DE CATHERINOT

PAR

Jacques FLACH

PROFESSEUR SUPPLÉANT AU COLLÈGE DE FRANCE

PARIS
LAROSE ET FORCEL
Libraires-Editeurs
22, RUE SOUFFLOT, 22

1883

LES

AXIOMES DU DROIT FRANÇAIS

PAR LE SIEUR CATHERINOT   5414

Extrait de la *Nouvelle Revue historique de Droit français et étranger.*

LES

AXIOMES DU DROIT FRANÇAIS

PAR LE SIEUR CATHERINOT

AVEC

UNE NOTICE SUR LA VIE ET LES ÉCRITS DE L'AUTEUR

PAR

Édouard LABOULAYE

DE L'INSTITUT
PROFESSEUR AU COLLÈGE DE FRANCE

ET

UNE BIBLIOGRAPHIE RAISONNÉE DES ÉCRITS
DE CATHERINOT

PAR

Jacques FLACH

PROFESSEUR SUPPLÉANT AU COLLÈGE DE FRANCE

———— >•< ————

PARIS

LAROSE ET FORCEL

Libraires-Editeurs

22, RUE SOUFFLOT, 22

——

1883

IMPRIMERIE
CONTANT-LAGUERRE

LVX·VITAM

BAR·LE·DUC

LES AXIOMES DU DROIT FRANÇAIS

PAR LE SIEUR CATHERINOT.

---

§ 1. *Nicolas Catherinot. Sa vie et ses écrits.*

Nicolas Catherinot, sieur de Champroy, jurisconsulte et antiquaire du dix-septième siècle, est aujourd'hui fort oublié; son nom n'est guère plus connu que ses écrits. Je ne viens pas protester contre cette mauvaise fortune, ni essayer une réhabilitation téméraire; je dirai seulement que le temps a épargné plus d'un auteur moins original, ou moins curieux. Quelques détails tirés des œuvres mêmes de Catherinot ne seront peut-être pas sans intérêt pour le lecteur, en faisant revivre pour un moment cette figure effacée.

Catherinot est un de ces écrivains qui n'ont point de secret pour le public. Heur ou malheur, rien ne lui arrive qu'aussitôt il ne mette la main à la plume pour en instruire l'univers. De ce côté il ressemble aux hommes de notre temps beaucoup plus qu'à ceux du dix-septième siècle. Bossuet, Tillemont, Fleury, Domat, ne parlent jamais d'eux-mêmes, leurs œuvres sont en quelque façon impersonnelles. Catherinot nous conte sa naissance et son mariage; il nous dit combien il a eu d'enfants; il nous donne la généalogie de son père (1), celle de sa femme et de toute la famille de sa femme en remontant jusqu'aux Romains (2). S'il a un procès (et il en a souvent), s'il est nommé avocat du Roi, il s'empresse d'en informer le lecteur, et pousse si loin ses confidences qu'il prépare à l'avance l'épitaphe qu'on mettra sur son tombeau (3), épitaphe qui, d'ailleurs, est rédigée avec une humilité toute chrétienne.

---

(1) *Tombeaux domestiques,* par le sieur Catherinot, 4 pages in-4°, sans date.

(2) *Généalogie des messieurs Dorsanne,* 8 pages in-4°, sans date.

(3) *Bourges souterrain,* par le sieur Catherinot, 8 pages in-4°. L'épitaphe est datée du 18 juin 1685.

Suivant cette inscription funéraire écrite trois ans avant sa mort (1), Nicolas Catherinot, est né le 4 novembre 1628 à Lusson, la peste régnant alors à Bourges. Son père Denys Catherinot était conseiller au bailliage et siège présidial de Bourges ; il mourut en mars 1631, à l'âge de 39 ans. Le 2 juin 1653, Nicolas épousa Marie Dorsanne, qu'il perdit le 15 septembre 1663, après en avoir eu trois enfants, Catherine, Étienne et René. Le 16 juin 1655, il avait été reçu au parlement de Paris comme avocat du Roi et conseiller au siège présidial de Bourges; joignez à cela qu'il fut échevin de Bourges, et administrateur des pauvres, voilà tous les événements de sa vie. Il était d'un temps où chacun restait à sa place, dans son pays, dans la maison de ses pères. On mettait son bonheur dans le repos, comme aujourd'hui on le cherche dans le changement.

Comment passait-il sa vie dans sa chère ville de Bourges; son épitaphe nous le dit. « Occupé à étudier, à lire, à écrire, à plaider, à faire des rapports (2), à élever mes enfants, à cultiver mes amis, à remplir les obligations de la société, et peut-être à courir après des niaiseries (*nugæ*); j'ai dépensé toute ma vie, et peut-être l'ai-je perdue. » Ce qu'il appelle des *niaiseries*, ce sont, je suppose, ses nombreuses recherches sur les sujets les plus divers. Rien n'échappe à sa curiosité; Bourges et le Berry sont toujours devant ses yeux. Il écrit sur le *Bullaire du Berry*, sur le *Pouillé de Bourges*, sur *les illustres du Berry*, sur le *nobiliaire du Berry*, sur le *vrai Avaric*, sur le *Calvinisme du Berry*, etc., etc., sans oublier ses brochures sur *le testament de Cujas*, mort à Bourges, et *sur la vie de cette belle, mais fameuse Demoiselle, Suzanne Cujas*, qui lui doit une fâcheuse célébrité. Jurisconsulte il publie traité sur traité, *le franc Aleu de Berry*, les *Coutumes de Berry*, le *droit ancien et nouveau de Berry*; il essaie de prouver que *les Coutumes de France ne sont point de droit étroit*, sujet souvent discuté par nos anciens légistes (3).

---

(1) Il mourut à Bourges le 28 juillet 1688.

(2) C'est ainsi que je traduis *litibus enarrandis*.

(3) « Coquille, dans son Avant-propos de la Coutume du Nivernois, dit que Pierre Lizet et Christophe de Thou, premiers présidents au Parlement de Paris, étoient d'un sentiment opposé touchant le droit commun des François :

C'est une encyclopédie vivante; il sait tout, ou du moins il touche à tout. On trouve dans ses écrits un *traité sur l'artillerie*, des recherches sur *l'art d'imprimer*, à côté de *Castigationes ad hymnos Ecclesiæ*, et d'un mémoire ingénieux sur les *doublets de la langue*, c'est-à-dire sur les diverses traductions françaises d'un même mot latin, comme *Advocatus*, avocat, avoué, *Pietas*, piété, pitié, *Securitas*, sécurité, sûreté, etc.

On serait tenté de blâmer cette faconde universelle, si l'on n'était désarmé par la bonhomie et la naïveté de l'auteur.

« Je veux, dit-il, être libre dans mes études qui me tiennent lieu de tripot et de cabaret; car je ne me suis jamais fait honneur de mes opuscules, mais seulement un divertissement innocent. C'est ma perdrix comme à saint Jean évangéliste, mon chat comme à saint Grégoire pape, mon chien comme à saint Dominique, mon agneau comme à saint François, mon dogue comme à Cornelius Agrippa, mon lévrier comme à Juste Lipse. Mes écrits, *autem*, ne sont point si fort inutiles, puisque les apothicaires en font des emplâtres, les libraires du carton, les tailleurs des patrons, et les autres des enveloppes. Ils sont même privilégiés, et les huissiers ne les prennent jamais par exécution, non plus que les pots de terre, les chandeliers de bois et les chaises de paille. Je n'ai jamais aussi prétendu à la qualité d'auteur, pour laquelle obtenir selon aucuns, il faut être imprimé avec privilège, relié en veau, et mentionné dans les journaux et dans les mercures (1). »

Ces nombreux opuscules, tous imprimés aux frais de l'auteur, ne se vendaient guère et, si l'on en croit Ménage, le pauvre Catherinot avait trouvé un moyen singulier d'arriver à la publicité :

« Comme ces ouvrages n'étaient pas d'un grand débit, et qu'aucun libraire n'eut voulu s'en charger, M. Catherinot, quand il venait à Paris, se chargeait de quantité de ces ouvrages en blanc (2), (car

car M. Lizet soutenoit que c'étoit le droit romain, et il employoit tous ses soins à y accommoder le droit françois; au lieu que M. de Thou estimoit que les Coutumes de France sont notre véritable droit commun, et appeloit le droit romain *la raison écrite*. » Taisand, *Vies des Jurisconsultes*, vº *Lizet*.

(1) *Le sanctuaire de Berry*, in-4º de 36 pages; Bourges, octobre 1680, p. 35.

(2) C'est-à-dire *brochés*. Ils ne sont jamais parvenus à l'honneur de la reliure, dit Ménage.

jamais on n'en a vu autrement) : et passant par dessus les quais, il faisait semblant de regarder les vieux livres qu'on y étale, et tirant de sa poche cinq ou six de ses exemplaires, il les poussait adroitement parmi ces vieux livres. C'est la méthode qu'il avait inventée dès qu'il commença d'écrire, et qu'il continua jusqu'à sa mort pour immortaliser son nom (1). »

Cette anecdote est-elle une de ces médisances dont abondent les *Anas*, je ne le crois pas ; ce qui m'en fait douter, c'est une confession de Catherinot. Cette confession est en vers latins, car à tous ses talents le bonhomme joignait le don de poésie, et sa prose française est parsemée d'épigrammes imitées de Martial, et d'autres bons auteurs. « Le lecteur, dit-il quelque part, me pardonnera mes saillies poétiques. Qui a fait dans ses heures perdues, sans ronger ses ongles, ni battre le carreau, plus de cinquante mille vers bons ou mauvais, en peut bien faire encore une cinquantaine de mauvais (2). »

AUCTOR AD PUBLIUM ET AULUM.

Edo breves libros ; vitio mihi vertitis ; atqui
    Tu nullos Publi, tu facis, Aule, malos.
Edo breves libros ; quia desunt otia ; magnos
    Edam aut majores, otia cum fuerint.
Edo breves libros ; nobis studiosus Apollo
    Perspicua melius nil brevitate dedit.
Edo breves libros ; brevis est insania nostra,
    Et quo fit brevior, fit minus illa mala.
Edo breves libros ; quia passim gaudeo ferri,
    Gaudeo tractari, gaudeo sæpe teri.
Edo breves libros ; tot parvos junge libellos,
    Et tibi non unum grande volumen habes.
Edo breves libros ; tales fecisse videntur
    Hippocrates magnus, magnus Aristoteles.
Edo breves libros ; quia qualia qualia nempe
    Impensis nostris edimus hæc brevia.
Edo breves libros ; quia magnus dicitur esse,
    Et vere magnum dicitur esse malum.
Edo breves libros, odio est mihi maxima fama ;
    Aut minus, aut minimum cognitus esse volo (3).

---

(1) *Menagiana*, édit. de 1729, t. II, page 361.
(2) *La vie de Mademoiselle Cujas*, 4 pages in-4°, Bourges, 1684, p. 3.
(3) *Les patronages du Berry*, 8 pages in-4°, Bourges, 1683, p. 8.

Dans un siècle qui vit de curiosité, comme fait le nôtre, on peut s'étonner qu'aucun amateur n'ait cherché à rassembler les innombrables essais de Catherinot, ou du moins n'en ait dressé le catalogue. A vrai dire, ce n'est pas chose facile. Le duc de la Vallière n'avait réuni que quatre-vingt-dix pièces de notre auteur (1). Le père Niceron (2) en connaît cent dix-huit qui lui ont passé sous les yeux. La *Bibliothèque historique,* dans son tome III, en compte cent trente. Enfin David Clément, dans sa *Bibliothèque curieuse*, va jusqu'à cent quatre-vingt-deux. Mais ses citations ont besoin d'être contrôlées ; il semble qu'il ait pris des brochures en projet pour des brochures publiées.

Du reste, il est probable que Catherinot lui-même ne savait pas le chiffre de ses productions imprimées et manuscrites. Comment en eût-il été autrement? Sa tête était un volcan toujours en feu. C'est de lui qu'on peut dire avec La Fontaine.

« Mais rien à l'homme ne suffit.
« Pour fournir aux projets que forme un seul esprit
« Il faudrait quatre corps; encor loin d'y suffire,
« A mi-chemin je crois que tous demeureraient.
« Quatre Mathusalem bout à bout ne pourraient
« Mettre à fin ce qu'un seul désire (3).

On jugera de cette prodigieuse activité par la liste des œuvres publiées et manuscrites que M. Jacques Flach, notre savant collaborateur, a dressée avec plus de soin et de critique que ne l'ont fait ses devanciers (4). C'est un vrai service rendu à Catherinot et aux bibliophiles.

Tout est-il mauvais dans ces improvisations. L'auteur n'est-il qu'un grotesque qui n'a de curieux que sa bizarrerie. Ménage ne pensait pas ainsi. « M. Catherinot, dit-il, était un parfait honnête homme et qui savait quelque chose. Il y a de

(1) Le volume que je possède est un recueil factice qui a appartenu à Boucher d'Argis. Il contient 48 pièces, et il est précédé d'un portrait de l'auteur peint par de la Houve en 1678 et gravé par Step. Gantrel en 1680. Autour du portrait est l'inscription suivante : *Nicolaus Catharinus Biturix Advocatus et Senator Regius,* 1680. *Ætatis* 52.

(2) *Mémoires,* t. XXX, p. 195 et suiv.

(3) La Fontaine. *Les deux chiens et l'âne mort.* Liv. VIII, fable 25.

(4) Voyez la biographie raisonnée mise à la fin de cet article.

bons morceaux dans ces écrits, mais il y en a un bien plus grand nombre de mauvais, et de choses plates (1). » M. de Valois est du même avis. « Il y a quelques bons endroits, mais en petit nombre ; le reste n'est que du fatras (2). » Le jugement est équitable, quoique un peu sévère. L'homme était un compilateur laborieux, honnête, et quelquefois ingénieux. Il a beaucoup vu et beaucoup retenu. La postérité a peut-être eu tort de ne pas sauver de l'oubli ces quelques bons morceaux que Ménage lui signalait.

Je laisse de côté l'antiquaire. Les savants du Berry ont fait réimprimer quelques-uns des opuscules de Catherinot, ils ont eu raison. C'est le vrai modèle de l'antiquaire de province ; pas un monument, pas une épitaphe, pas un diplôme, pas une pièce ne lui échappe. Il a peu de critique, je le crains ; mais de son temps on n'en avait pas beaucoup plus que lui, et il nous a gardé plus d'un souvenir curieux.

Quant au jurisconsulte, il était estimé de son temps. Je n'en veux pour preuve que le volume publié à Bourges en 1679 par Thaumas de La Thaumassière, et intitulé *les Anciennes et nouvelles Coutumes locales du Berry, et celles de Lorris commentées*. En offrant au public ce recueil, des plus précieux pour l'histoire de notre ancien droit, qui La Thaumassière choisit-il pour parrain, c'est Catherinot. A côté d'un homme aussi sensé et aussi instruit que La Thaumassière, oserai-je citer un auteur, plus bizarre encore que Catherinot, mais qui connaît bien la procédure et le droit, c'est Bruneau, avocat au Parlement de Paris, dont le *Nouveau traité des criées* ressemble à une bibliothèque renversée qui contiendrait la science universelle.

« M. Catherinot, conseiller et avocat du Roi au baillage du
» Berry.... a fait un écrit fort curieux in-4° *du Prest gratuit*,
» où il tient que les rentes constituées sont usuraires, et
» défendues par la loi de Dieu ancienne et nouvelle, que ç'a
» toujours esté l'esprit des saints Pères, grecs et latins, des
» conciles et des papes, que c'est l'opinion des docteurs et
» théologiens, à quoy sont conformes les auteurs sacrés et
» les prophanes ; la raison principale est qu'elles sont con-

---

(1) *Menagiana*, t. II, p. 360.
(2) *Valesiana*, p. 112.

» traires à la nature, un métail n'en produisant pas un autre;
» contre la charité du prochain, toute charité estant gratuite;
» et contre le bien public parce que cela engendre des procès
» plutôt qu'un héritage... Ce traité marque l'érudition et la
» grande littérature de l'auteur. Il en promet un autre qu'il
» intitule le *Tombeau des rentes* (1). »

Pour que l'on puisse juger de l'esprit de Catherinot, et
de sa façon de traiter un sujet, j'ai choisi un travail auquel,
il est vrai, le temps n'a rien fait perdre de son intérêt; il
est intitulé *les Axiômes du droit français*. Il m'a semblé que
cette pièce n'est pas indigne de revoir le jour et d'être conservée.

§ 2. *Les proverbes du droit français.*

Sous le nom de proverbes, de règles de droit, d'axiomes,
de brocards, on trouve chez tous les peuples un certain nombre de maximes nettes et concises qui résument des idées
généralement reçues, des principes universellement adoptés.
Quel jurisconsulte n'a pas étudié le titre *de diversis regulis juris
antiqui* qui termine le Digeste? L'Ecole de Bologne a rempli
de ses brocards la jurisprudence de l'Europe. Les canonistes
ont porté partout leurs adages. Le droit français n'est pas
moins riche en pareilles formules, nos vieilles coutumes en
sont pleines. La Thaumassière, appelant l'attention publique
sur les anciennes coutumes de Lorris, ajoute :
« Nos anciens praticiens en ont tiré les règles ou proverbes
» ruraux : La mort a tort. — Le battu paye l'amende. —
» Le plus près prend. — Le mâle forclot la femelle. — Droit
» d'aînesse n'a lieu entre filles et en succession collatérale. —
» Les meubles payent les dettes; — et autres semblables. »

Il aurait pu en citer bien davantage, car la plupart des
dispositions de ces anciennes coutumes sont exprimées avec
la concision qui caractérise le proverbe. Chose assez naturelle
quand on songe que ces coutumes se conservaient par tradi-
tion longtemps avant d'être mises par écrit.

(1) *Nouveau traité des criées,* seconde édition, Paris, chez Guignard, 1685,
in-4°, page 56.

Nos anciens *Barelliers*, comme les appelle Catherinot, nos vieux *praticiens* comme les nomme La Thaumassière ont au plus haut degré ce goût de proverbes. L'exemple le plus curieux est le *Livre de Justice et de Plet*. Cette œuvre d'un jurisconsulte, et suivant toute apparence d'un professeur d'Orléans, est farcie de brocards, on ne l'a point remarqué. Il serait bon de les rassembler et d'en faire une étude particulière. A en juger par la langue, ces maximes sont d'une grande ancienneté et par conséquent elles nous font connaître, dans leur forme primitive, les premiers principes de notre droit coutumier.

En 1608, Antoine Loisel, un des élèves favoris de Cujas (1), un des plus savants avocats du xvie siècle, publia à la suite de l'*Institution au droit français* de Guy-Coquille, ses *Institutes coutumières* ou *Manuel de plusieurs et diverses règles, sentences et proverbes tant anciens que modernes du droit coutumier et plus ordinaire de la France*. En recueillant ces maximes durant quarante ans de pratique, Loisel ne s'était pas proposé seulement de faire mieux saisir l'esprit de notre droit coutumier, il voulait préparer l'uniformité d'une seule loi pour tout le royaume de France : une foi, un Roi, une loi, un poids, c'était la devise des Français du xvie siècle. Il a fallu deux cents ans et une Révolution pour effectuer dans ce qu'elle avait de possible cette réforme si facile en apparence et si ardemment désirée.

Le petit livre de Loisel nous a conservé le suc et la moëlle de notre ancienne jurisprudence. Aussi ne faut-il pas s'étonner qu'il ait eu un grand nombre d'éditions. Aux deux derniers siècles, il a été commenté par Paul Challines (2), par François de Launay (3), et enfin par Eusèbe de Laurière qui a éclipsé ses prédécesseurs (4). Aujourd'hui qu'on revient

---

(1) C'est Cujas, je suppose, que désigne Loisel dans la préface des *Institutes coutumières*, adressée à ses enfants. « Notre grand maître et docteur commun du droit romain nous enseignoit qu'il falloit soigneusement adviser aux règles et principes de chacune partie d'iceluy. »

(2) Paris 1656, et non pas 1665 comme on le voit partout. L'achevé d'imprimer est du 22 août 1656.

(3) Paris 1688, in-8°. De Launay n'a commenté que le premier titre du premier livre.

(4) Paris 1710, 2 vol. in-12, réimprimés en 1758 et 1774. (Laurière est mort

aux origines du droit français, Laurière n'a rien perdu de son utilité, et il est naturel qu'en 1846 M. Dupin ait cru servir la science en publiant à nouveau une édition de Laurière qui a été promptement épuisée (1).

Sont-ce les *Institutes coutumières* de Loisel qui ont décidé Pierre de l'Hommeau, sieur du Verger, conseiller du Roi en la sénéchaussée de Saumur, à publier ses *Maximes générales du droit français, divisées en trois livres*. Je n'en vois aucune preuve; encore bien que les deux ouvrages aient le même objet, et soient animés du même esprit (2). Mais certainement, c'est Loisel qui a inspiré Catherinot. Il l'a souvent copié et se vante de profiter des découvertes de M. Loisel.

Mais, il ne le reproduit point servilement. Il a ajouté un grand nombre de proverbes qui ne sont pas tous des proverbes de droit; et il a rangé le tout sous certains chefs classés par ordre alphabétique. Malheureusement il n'a publié que les trois premières lettres A. B. C., ce qui, suivant le calcul ordinaire, représente le quart de ce que l'œuvre complète aurait donné. Mais il ne semble pas qu'il en ait jamais fait davantage, du moins n'en trouve-t-on aucune trace dans ses écrits.

Au XVIIIe siècle je ne vois de remarquable que les *Règles du droit français* de Claude Pocquet de Livonnière, ancien professeur de droit à Angers (3). Il s'est beaucoup servi de Loysel, et des *Arrêtés* de Lamoignon, destinés eux aussi à préparer l'unité de la législation civile. Je ne parle que pour mémoire de la *Nouvelle Institution coutumière* de Claude de Ferrière (4) et du *Traité des maximes du droit français* publié à Paris en

en 1728.) Seconde édition, revue et augmentée par le gendre de l'auteur J. B. Bonhomme, avocat au Parlement. Paris 1783.

(1) Nouvelle édition, revue, corrigée et augmentée. Paris 1846, 2 vol. in-12. M. Dupin m'avait fait l'honneur de me prendre pour collaborateur. *L'Introduction historique* est de lui seul, ainsi que le *commentaire sur les articles des libertés gallicanes*. Le *Glossaire du droit français* est de moi.

(2) Il en a paru plusieurs éditions. La première, Rouen 1614, la dernière après la mort de l'auteur, Paris 1665, avec des notes de Paul Challines qui, décidément, était une autorité dans son temps.

(3) Paris 1730, in-12.

(4) Paris 1712, 3 vol in-12.

1787 (1). Ce sont des livres écrits en un temps où le passé n'est pas à la mode, et où on ne le comprend plus.

Les Allemands, grands compilateurs, sont entrés longtemps après nous dans cette voie. Si l'on met de côté les *Parœmiæ juris Belgarum* d'Antonius Matheus, qui n'est pas allemand et qui a publié son livre à Utrecht en 1667, le premier auteur allemand qui ait écrit sur les proverbes de droit germanique est Hertius, professeur à Giessen. Ses *Parœmiæ juris germanicæ* (il y en a une centaine) ont paru à Giessen en 1693 et ont été imprimées dans ses *Commentationes et opuscula* à Francfort en 1737, in-4°. Ses recherches ont été suivies par un travail plus considérable, le *Thesaurus Parœmiarum germanico-juridicarum*, *Teutsch-juristicher Sprichwoerter Schatz*, *in quo mille et quod excurrit Germanorum dicteria*, cum primis juris, *recensentur*, de Georges Pistorius. La première édition des trois premières centuries est de 1715 (2). Dans ses préfaces, l'auteur nous apprend qu'il a ramassé ses proverbes dans toute l'Allemagne, et il est aisé de voir qu'il a pris de toutes mains, et sans choix. Son recueil n'en est pas moins fort curieux, mais il s'en faut que toutes les maximes qu'il renferme soient des règles de droit. Qu'on en juge par le proverbe 28 de la première centurie qui nous a gardé la foi superstitieuse de quelque reître ayant pratiqué en France le culte du jeu de dés.

> Daus-Esz hat nichts,
> Sechs-Zinck giebt nichts,
> Quatuor-Drey helffen frey.

Je ne regarde pas non plus comme un axiome de droit ces méchants brocards qui couraient dans toutes les écoles.

> In Institutis, comparo vos brutis,
> In Digestis, nihil potestis,
> In Codice, scitis modice,
> In Novellis, comparamini asellis

---

(1) Un petit volume in-12. Il y a LXIX maximes. L'auteur se cache sous les initiales suivantes. M. J. A. D. J. E. A. A. P. D. T. E. D. P. C. R.

(2) Lipsiæ apud Thomam Fritsch. Il y en a une seconde édition : Lipsiæ, typis Joh. Casp. Muller, 1716. Je ne connais que les cinq premières centuries; j'ignore s'il en a paru davantage.

> In des Reichs Abscheid
> Seyd ihr gar nicht kommen weit.
> In jure Naturæ docetis impure,
> In jure gentium, estis instar flentium

Et moi j'ajoute, dit Pistorius (1) :

> In jure canonico und Lehn Recht
> Seyd ihr beschlagen schlecht.
> Et tamen creamini Doctores,
> O tempora, o mores!

Et pour commentaire, il raconte l'histoire d'un *Batavus idiota* (il n'ose pas dire un Allemand), qui, pour son argent, se fait recevoir docteur à Pont-à-Mousson. Il demande à ses juges s'il ne pourrait pas faire son cheval docteur au même prix. Non, lui est-il répondu, nous n'avons le droit de donner le bonnet qu'aux ânes.

Pistorius, comme ses devanciers, a donné en latin farci d'allemand son Commentaire sur les proverbes. A la fin du dernier siècle, Eisenhard a publié en allemand ses *Principes de droit privé allemand en proverbes* (2). C'est l'ouvrage resté classique, Loisel et Laurière réunis.

Dans ces derniers temps, l'attention a été éveillée sur l'importance des proverbes et formules juridiques par les *Deutsche Rechtsalterthuemer*, de Jacob Grimm; aussi deux ouvrages considérables ont-ils été publiés sur ce sujet. Le premier par Hillebrand contient 373 maximes expliquées avec soin (3), le second publié par MM. Graf et Dietherr sous la direction des savants professeurs Bluntschli et Maurer ne renferme pas moins de 3698 numéros pris à la source et soigneusement vérifiés (4). Il y a une grande érudition dans cet ouvrage, les auteurs ont eu constamment Loisel sous les yeux, mais ils

(1) III Centurie, max. LV.

(2) Grundsaetze des deutschen Privatrechts in Sprichwœrtern. Souvent réimprimé.

(3) Deutsche Rechts Sprichwoerter. Zurich, 1858.

(4) L'ouvrage est également intitulé *Deutsche Rechtssprichwoerter*. Nordlingen, 1864, grand in-8°. C'est une des publications patronnées par le roi de Bavière, Maximilien II, et encouragées par l'Académie des Sciences de Munich.

ont laissé à un autre le soin de tirer une conclusion de la ressemblance frappante qui existe entre le droit français coutumier et l'ancien droit germanique. Il y a vingt-cinq ans que l'ingénieux professeur Zoepfl, dans son *Histoire du droit allemand* (1), avait remarqué que le droit français, y compris le Code civil, était plus imprégné d'idées germaniques que le droit allemand transformé par l'influence du droit Romain; il était réservé à M. Rudolph Sohm de mettre en pleine lumière un fait qui domine toute l'histoire de la civilisation moderne. Ce sont les Francs-Saliens qui, en se mêlant aux Gallo-Romains, ont produit ce peuple mixte qui a donné son nom à la France. Et, à son tour, c'est l'empire franc qui a introduit une espèce d'unité parmi les tribus germaniques et qui a marqué leurs coutumes d'une même empreinte. C'est de l'Ouest, c'est de la France que l'Allemagne a reçu son droit, comme elle en a reçu plus tard sa poésie chevaleresque, ses fabliaux et son architecture. Pour me servir des expressions de M. Sohm, qui paraîtraient un paradoxe dans la bouche d'un Français : « L'histoire du Moyen âge c'est l'histoire de la saturation de l'esprit allemand par l'esprit français (2). »

En résumé, l'histoire tend à montrer que dans l'Europe occidentale il n'y a eu que deux façons de concevoir le droit et les institutions, l'une est la conception romaine, qui nous a été conservée dans le *Corpus juris*, l'autre est la *conception franque* qui nous a été conservée par les anciennes coutumes. Entre les deux est le droit canonique qui a essayé de les concilier à l'aide de l'Evangile. Et c'est grâce à cet effort incessant que l'Eglise a vraiment enfanté la civilisation moderne.

Ce sont là des idées encore peu répandues. Elles sont de nature à renouveler l'histoire du droit, et à lui donner une place de plus en plus grande dans l'histoire générale. Mais on voit combien gagne en importance le rôle de ces proverbes ruraux, simples dictons de praticiens, qui nous ont gardé fidèlement le caractère et l'esprit de nos anciennes

---

(1) *Deutsche Rechtsgeschichte*, § 59. Stuttgart, 1858, in-8°.
(2) A. Sohm. *Fränkisches Recht und Roemisches Recht*, Weimar, 1880, p. 68.

institutions. On voit en même temps qu'il est puéril de distinguer de l'ancien droit français le pur droit germanique. Tous deux sont sortis de la même source. Loysel n'est pas moins *germanique* que Pistorius.

S'il est un pays favorable aux formules et aux règles de droit, c'est l'Angleterre, pays de *common law*, c'est-à-dire de coutume et de jurisprudence : ajoutez que les Anglais n'ayant jamais reçu le droit romain comme loi du pays, force a été d'emprunter à cette raison écrite les règles d'équité qui gouvernent les peuples civilisés. Il y a donc en Angleterre un très grand nombre de maximes de droit, en latin, en normand, en anglais. On en trouve une multitude dans les *Institutes of the law of England*, de sir Edouard Coke : mais je ne connais aucun recueil particulier, ni aucun commentaire de ce qu'on appelle communément *Law Maxim*. M. Volkmar, dans ses *Parœmia et regulæ juris* (1) a réimprimé la *Table of legal Maxims* publiés par M. Warren dans son *Introduction to law Studies*. Ce sont des brocards latins copiés dans Coke pour la plupart. On en trouve, et en plus grand nombre, dans un recueil où on serait peu tenté de les chercher : le *Dictionary of Latin Quotations* de Riley (2). Pour un jurisconsulte anglais, il y a là un bon livre à faire, une grande lacune à combler.

Je n'ai rien à dire de l'Italie. Les glossateurs et les canonistes ne lui ont rien laissé à faire (3). Quant à l'Espagne, cette terre des proverbes, il n'y a point, que je sache, de recueil particulier pour le droit. Il ne faut pas oublier que c'est aussi un pays de droit romain où les glossateurs ont eu le grand rôle.

Et maintenant je laisse la parole à Catherinot. J'ai traduit en note quelques mots vieillis. Quant aux proverbes même c'est dans Loisel qu'on en trouvera l'explication.

ED. LABOULAYE.

(1) Berlin, 1854, in-12.

(2) Publié dans la Bibliothèque (*Standard Library*) de Bohn, Londres 1856.

(3) On trouvera la glose dans l'énorme *Index juris civilis* de Daoys qui fait le sixième volume du Corps de droit glosé. Lyon, 1604-1612, in-f°.

LES AXIOMES DU DROIT FRANÇAIS

PAR LE SIEUR CATHERINOT.

Ce titre est trop magnifique pour le sujet; car plusieurs de ces axiomes sont trop populaires : mais je n'ai pu en trouver un plus propre. J'ai profité des ouvrages de nos anciens barreliers (1) et des ramasseurs de proverbes. Je pourrai un jour donner aussi les axiomes de la médecine et ceux de l'agriculture. Excusez ces trois écueils de plusieurs ouvrages : les omissions, les redites, et la confusion. Je ne suis pas même garant de tous les vaudevilles (2); mais j'ai conservé les archaïsmes.

Absence.

Présent profite, absent ne gagne rien.

Le présent dit pour soi, mais Dieu dit pour l'absent.

Absent, après dix ans, est réputé pour mort.

Entre présents la prescription est courte, mais entre absents la prescription est longue.

Absent est cil qui n'est pas en son lieu, comme ignorant qui ne sait pas son art.

Absent de corps, présent d'esprit.

Absent pour juste cause est toujours excusé.

A bon marché de plaid, qui plaide contre absent.

Absence est de personne, absence n'est de chose.

Il n'est point de pire absence que celle de l'esprit.

La longue absence est celle d'un défunt.

Absence pour faillite est une sale absence.

Absence pour galère ou pour bannissement.

Actions.

Toutes [actions] sont de bonne foi.

En France nulles actions pénales.

(1) Barreliers, gens qui plaident à la barre d'un tribunal, avocats, praticiens.

(2) Vaudeville paraît ici synonyme de refrain.

Toute action a son exception.

Autant de trous, autant de chevilles.

Autant d'attaquades, autant de parades.

Pour néant demande qui ne preuve.

Pour néant demande qui n'a partie solvable.

Les actions sont fortes, les prescriptions sont plus fortes.

De peu de chose, peu de plaid.

La chose vaut bien peu, si elle ne vaut la demande.

Cause sommaire est de dix livres.

Si demande ne passait les vingt sols, jour de conseil n'en était octroyé.

Ajournement.

Ajourne au domicile, ou bien à la personne.

Ajourne à certain lieu, ajourne à certain temps.

Tout ajournant doit libeller.

Tout ajournant doit revêtir.

Le contrôle vaut deux témoins : mais excepté les exploits de rigueur.

Ajourne le bénéficié au principal manoir du bénéfice ; mais pour les droits du bénéfice.

Fais le même pour les offices.

Tout est absent, attache l'exploit à la porte.

Assigne les absents au dernier domicile.

Assigne les errants par un seul cri public.

Tout ajourné doit comparoir.

Noble ne s'ajournoit qu'à la huitaine.

A trois brefs jours, c'est de trois en trois jours.

A trois jours francs, c'est de cinq en cinq jours.

Avocats.

Par cause de fou on apprend à plaider.

De jeune avocat, procès perdu.

En forgeant on devient fevre (1).

A défaut de sage, monte fou en barre.

Diligence passe science, science passe chevance (2).

Chaque métier veut l'homme entier.

---

(1) *Fevre* veut dire forgeron en vieux français.

(2) Chevance, avoir, fortune.

Qui rien ne sait, de rien ne doute.

Qui veut parler, doit bien penser.

Qui se hâte, recule.

A grand avocat, grande cause.

A méchante cause, longue plaidoirie.

La plaidoirie est l'enseigne de la consultation.

Les cordonniers sont les plus mal chaussés, les avocats les plus mal consultés.

Bon avocat cécutie (1) en sa cause.

En close bouche n'entre mouche.

De cause perdue, conseil ne se remue (2).

Il n'est que nager en grande eau.

Il n'est chasse que de vieux chiens.

C'est aux bons joueurs à bien jouer.

Il n'est d'œuvre que d'ouvrier.

Le plus succint est le meilleur.

Trop subtils sont souvent surpris.

Tel fait de son mieux, qui ne fait rien de bien.

Un borgne est roi au pays des aveugles.

Par faute de meilleur, on fit Dom Jean plaideur.

Il est du vin à tout prix.

Qui partout va, partout prend.

Pour avocat chasse le gentilhomme.

A nouveaux cas, nouveaux conseils.

Avocat du roi.

Le roi parle par nous (3).

Le roi se couvre sans semonce (4).

Le roi ouvre la lice, déboucle la carrière.

Le roi parle debout, et parle toujours droit.

Qui parle le dernier, fait plus d'impression.

L'avocat a la voix, le procureur la plume.

A bien parler faut être toujours prêt.

Il n'est pas toujours temps de balancer la cause.

Aux dépens des plaideurs le roi ne s'intéresse.

---

(1) Cécutie, est aveugle, mot tiré du latin par un pédant.

(2) Avocat ne s'émeut pour un procès perdu.

(3) Ne pas oublier que Catherinot était avocat du Roi.

(4) Semonce, ordre, invitation.

L'heure n'interrompt point le prince quand il parle.

Assez d'honneur, peu de profit.   .

A ses dépens, le soldat ne combat.

A cheval qui travaille on ne ferme la bouche.

Adultère.

Changement de corbillon, etc.

Quand une femme a résolu, etc.

N'est cocu qui se venge.

Il coûte souvent maint écu

Pour être déclaré cocu.

Il ne faut pas croire ce que l'on voit.

Cocu est fief, cocu est dignité, car il porte apanage.

Le mari fait beaucoup, le galant davantage.

Le seul mari peut accuser sa femme.

Aînesse.

Aîné croupit, et cadet fait fortune.

Aîné s'entend le premier né.

En doute d'aîné et de cadet, le sort décide.

Le sort fait les cadets pour punir les aînés.

L'aîné, par préciput, a le vol du chapon.

L'aîné devrait prendre le double de chacun.

L'aîné n'a point son droit en ligne traversière (1).

Entre filles nul droit d'aînesse, presque par tout pays.

L'aîné retient le nom, le cri, les armes plaines.

L'héritier seul prend droit d'aînesse.

On ne prive du droit d'aînesse.

On ne renonce à droit d'aînesse, s'il n'est acquis.

Il n'est qu'un droit d'aînesse, s'il n'y a diverses successions
   ou coutumes.

Pour ses puînés, l'aîné fera l'hommage.

Chacun peut toutefois pour soi faire la foi.

L'aîné ne paye pas plus qu'un autre de dettes.

(Ici et ailleurs je profite des découvertes de M. Loisel.)

Aliénation d'esprit.

Aliéné, n'aliène.

Aliéné tombe en curatelle.

(1) Collatérale.

Aliéné, ne peut être tuteur.

Tout sage a ses moments de marotte.

Promets aux fous et donne aux sages.

Le fou n'est fou qui se sait fou.

Bien fou qui s'oublie, encore plus qui se lie.

Aliénation de bien d'Église.

Le clerc peut acquérir, mais non pas aliéner.

Le clerc a mandement pour recevoir, non pour donner.

Fais le bien du clergé pour lui fermer la bouche.

En vain le clergé vend sans cause ni sans forme.

L'Église y reviendra si le Prélat n'approuve, et le Prince
   plus fort que le Prélat.

Hypothèque ressent son aliénation.

Bail à long temps ressent son aliénation.

Les hauts bois sont des fonds, et n'en joue pas qui veut (1).

Aliments.

Qui demande aliments a cause favorable.

Le gendre doit les aliments.

D'aliments déjà dus, on peut bien transiger.

Paye aliments, mais sans caution.

Paye aliments, mais par avance.

Qui te tient en prison, te doit nourrir, detteur (2).

A bâtard, ou aliments ou métier.

Est bien père qui me nourrit.

Amendes.

A tout méfait ne gît qu'amende. Car les actions pénales
   n'ont lieu en France, et l'on est quitte en rendant les
   choses à la partie, et l'amende au seigneur.

Qui bat le prévôt gagne l'amende, mais il n'y fait pas sur.

Le juge pêche, le seigneur paye.

Amende pour forfait de nuit, double. De même par effrac-
   tion, port d'armes, assemblée illicite.

Le mal de nuit se voit le jour.

Amende de coutume n'est pas à l'arbitrage (3).

(1) Jeu de mots sur *hauts bois*, futaies, et *hautbois*, instrument.
(2) Débiteur.
(3) C'est-à-dire à l'arbitraire du juge.

De toute amende étant en loi, la femme n'en doit que
  moitié.

La grande amende emporte la petite.

Amortissement de rente.

Qui s'endette, s'appauvrit; qui s'acquitte, s'enrichit.

Droit d'amortir dure toujours.

Droit d'amortir ne se prescrit jamais.

On peut amortir par avance.

Argent comptant porte soulas (1).

Qui refuse, muse.

Paye les frais, paye les intérêts, paye enfin tout le principal.

Au pied de la minute appose la quittance.

Subrogation de droit s'en va.

Chicaneur ne subroge.

Appanage.

Appaner, c'est donner du pain.

Fille mariée, fille appanée, mais non par tout pays.

L'appanage est de fille ou de cadet.

Trop d'iceux a souvent maintenu la maison.

Trop d'iceux a souvent ruiné la maison.

Qui veut le tout, doit appanage.

Appanage vaut légitime.

Appanage est de droit.

A frère, à enfant, le roi donne appanage,

A ses filles et sœurs il doit le mariage.

Appanage est engagement.

Tout appanage est viager.

Tout appanage est réversible, mais la règle trompe souvent

Appel comme d'abus.

Abus règnent partout dans le siècle et l'Église,

Les membres en sont pleins, et la tête en regorge,

Tous peuvent bien les voir, mais non les corriger.

Les abus ont fourni prétexte aux protestants.

L'appel comme d'abus doit sa source au parquet.

Nonobstant cet appel, s'exerce la police.

(1) Consolation, joie.

Il est dévolutif, non toujours suspensif.

L'abus vrai entreprend contre les saints décrets, contre nos libertés, contre les arrêts généraux et contre toutes cours.

Appellations.

L'abattu veut toujours lutter.

Appel éteint en criminel.

Appel suspend dans le civil. Exceptez si provision de droit n'y va.

Exécution de sentence annulle appel.

Appel passe opposition.

On n'appelle du prince.

Tout appelant peut accorder (1) sans le congé du prince.

Contre la mort, ni recours, ni relief.

Nullité ne réforme, mais il faut appeller.

De deni de justice on peut bien appeller.

L'anguille de Melun crie avant l'écorchis.

Appellations sont personnelles.

De l'*Illico* le Roi relève.

Faut appeller, mais graduellement.

Il est des exempts par appel.

Juge royal ne se prend à partie, si quelque dol n'est mis en fait.

Le juge doit l'amende, mais le seigneur la paie.

Errer en droit, errer en fait, c'est double erreur très-punissable.

Vilain n'appelait du Baron.

L'appel suspend, l'appel annule, si provision ne suit le jugement.

Par provision, ne s'exécute ce que *définitif* ne répare. Ainsi, par provision on n'emprisonne, par provision on ne marie, par provision bois ne se coupe, par provision on ne punit.

Pendant l'appel le tuteur doit gérer.

Exécution revient au juge quand il a bien jugé.

Armes ou Armoiries.

Les armes de vilain sont toujours les plus belles.

Les armes les plus simples sont censées les plus belles.

-----

(1) Accorder, c'est-à-dire transiger.

Les vieilles armes sont parlantes.

Ne prends un *rébus* pour tes armes (1).

Rébus parle deux fois ; c'est un défaut en armes.

Un écusson est un *noli me tangere*.

Qui n'est issu de la maison, n'a point de droit aux armes.

Puîné n'aura les armes plaines.

Bâtard barre ses armes.

Ni métal sur métal ni couleur sur couleur (2).

Arrérage.

Dixme ne s'arrérage, s'il n'est demandé dans les formes.

Droit d'usage ne s'arrérage.

Arrérages d'épices ne valent rien.

A cinq ans on réduit souvent les arrérages, comme de vente constituée et de douaire.

Arrière-ban (3).

Ou la bataille ou la taille.

Qui ne paie en personne, paie en argent.

Arrière-ban n'est preuve de noblesse.

Le vilain va au ban sous ombre de noblesse.

Arrêt.

Le sénat fait des lois avec congé du prince (4).

Arrêt à queue ne finit rien.

A tête de mulet n'objecte point d'arrêt.

Arrêt vaut loi quand il est général.

Arrêts par simple extrait ne sont exécutoires.

Aux arrêts point d'arrêt (5).

Assurement.

Assurement ressent haute justice.

En cas de doute, assurement se donne.

Seigneur à son vassal ne donne assurement.

---

(1) Les armes de Racine, par exemple étaient un *rat* et un *cygne*, qu'on prononçait *cine*.

(2) C'est une règle de blason. *Secunda Scaligerana : Armoiries* debent esse métal sur couleur et contra.

(3) C'est l'armée de réserve féodale.

(4) C'est-à-dire le Parlement fait des arrêts de règlement qui sont de véritables ordonnances, statuant de façon générale, et pour l'avenir.

(5) Point d'opposition, rien qui puisse retarder l'exécution.

Infraction emporte quelque peine.

Infraction ne se fait par injure.

Aubenage (1).

Aubain peut acquérir et disposer vivant; mais ne peut succéder ni tester.

Le Roi succède à aubain, et tout autre seigneur fondé en titre du Roi.

Aubain ne peut servir office, ni bénéfice; aubain ne peut tenir ferme du Roi ni d'église. Le tout s'ils n'ont lettre du Roi;

Banqueroute.

Il est allé au safran. Il est allé faire un tour à la lune.

Banqueroute d'honneur de toutes est la plus grande.

Après l'honneur perdu, on n'y revient jamais.

De banquier, banqueroute.

Banqueroutier trompeur mérite punition; trompeur est réputé qui cache ses effets (2).

Banqueroute innocente arrive par hasard.

Banqueroute innocente expose ses effets (3).

Qui de perte revient, doit amortir ses dettes.

Baron.

Frisez, oignez un hérisson, on le prendra pour un Baron.

Baron, c'est peu, c'était beaucoup. Après le Roi, Baron avait le pas.

Baron et Pair allaient d'un pas égal.

De Pair déjà longtemps on a formé Baron. Baron est le diminutif.

Le Baron du français n'est qu'un sot en latin (4).

Chaque Baron avait sa cour et ses vassaux.

Roturier ne pouvait appeler du Baron.

Nul ne doit seoir à table du Baron, s'il n'est bien chevalier, ou du moins damoiseau.

Haute justice avec ressort marque le Baron.

---

(1) Condition de l'étranger (*alibi natus*) vivant en France.

(2) C'est-à-dire les valeurs qu'il possède.

(3) Fait connaître son avoir.

(4) C'est le sens de *Baro* dans la basse latinité.

Bâtardise.

Bâtard n'est sous puissance.

Bâtard peut acquérir, bâtard peut tester.

Bâtard ne succède.

Bâtard ne retient ni nom ni noblesse sans lettres.

Qui fait le bâtard, si le nourrit. Métier vaut aliments.

Le bâtard fait des choses énormes, pour être né contre les formes.

Bâtard fait bien par aventure; bâtard fait mal, mais par nature.

Le bâtard bâtardise.

Baux prédiaux.

Vendage passe louage.

Vente ou achat passe louage.

Locataire sera tenu clos et couvert.

Sortez de mon logis, je l'occupe en personne.

Locataire devra carrelis, marelis, et vitrage.

Suite de meubles pour loyers a lieu.

Pour loyers de maisons, meubles sont affectés.

Bail à dix ans vaut aliénation.

Bénéfice.

On se défend des pierres du monstier.

Il est permis de racheter la vexation.

Le meilleur bénéfice est celui qui est pris.

Pour un seul point Martin perdit son âne.

D'évêque aumônier.

Bien d'Eglise c'est pain frais, c'est vin nouveau, et bois vert.

Il est hâté (1), comme un coureur de bénéfice.

Les chevaux courent les bénéfices, et les ânes les emportent.

Mieux vaut la somme bénéficiale que la somme théologique.

Le bénéfice est le baillon de l'orateur.

Bonne aumusse, bonne armure.

Il ne sait rien, mais il porte l'aumusse.

(1) Pressé.

Bénéfice ne tient côté ni ligne.

Dieu ôte les enfants, mais, 'etc.

Biens.

Chacun soit content de son bien,

Qui n'a suffisance, n'a rien.

Mieux vaut faire envie que pitié.

Faute d'argent, défaut de joie.

Quand le bien vient, il faut le prendre.

Plus a l'avare, et plus il veut avoir.

Heureux les enfants dont les pères sont damnés.

Tourne le dos a Dieu si tu veux être riche.

Tous les biens sont communs. Il n'est que d'un avoir mais par voies légitimes.

Tout est à autrui, et tout y sera.

Tous biens sont meubles ou immeubles, acquêts ou propres, propres paternels ou maternels, propres anciens ou modernes, vieux ou naissants.

Un bien acquiert l'autre.

Nul bien sans peine.

Qui beaucoup a, beaucoup perd.

Il n'y en a jamais assez, s'il n'y en a trop.

Qui terre a, guerre a.

Mal a qui a, pis a qui n'a.

Qui a écu, a écuelle.

Buron en terre, maison au ciel.

Cherche le bien, attends le mal.

Quand les biens viennent, les dents s'en vont.

Ce qui vient *tire*, *tire*, s'en va, *pille*, *pille*.

Requiem gagne argent, *Gaudeamus* le dépend (1).

Qui dépend plus qu'il ne gagne, il meurt pauvre et rien ne gagne.

Chacun le sien, ce n'est pas trop.

Qui a des noix, il en casse ; qui n'en a point, il s'en passe.

On n'est pas riche de ses gains.

On ne devient riche, qu'en mêlant le bien d'autrui avec le sien, dit l'avare.

Grand bien ne vient pas en peu d'heures.

(1) Dépense.

Pour devenir pauvre, il en coûte tout au riche.

Mieux vaut bon gardeur que bon amasseur.

La moitié du bien des sots appartient aux sages.

Fumier de chien et marc d'argent, seront tout un au jugement.

Bois.

Le bois acquiert le plain.

Après trente-six ans se dit haute futaye.

Il n'est rien de plus cher que le bois gros et grand.

En un moment on peut trouver le marbre, mais pour le bois, il faut plus de cent ans.

Les bois méritent bien tout le soin d'un grand prince.

Le grand bois craint le vent, le grand bois craint le feu.

Il craint bien plus les deux quand ils vont de concert.

Bois mort est mort, mais mau bois ne vaut rien.

Mau bois est vif, mais il ne sert qu'au feu.

Tout bois blanc est mau bois.

Borne.

Au bout la borne.

Borne se plante en commun par justice.

Borne est sacrée comme une église.

A borne et à montier ne mets jamais la main.

Borne sera de pierre dure.

Borne a la tête en vue et le pied en cache.

Borne sera bien garantie de charbon, tuille et de féraille.

De borne plantée, rixe apaisée.

Tout est commun de par nature; mais le droit des gens a inventé la borne.

Bonne foi.

Ne rend les fruits qui jouit de bonne foi.

De deniers, de sens et de bonne foi,

Il en est bien moins que tu crois.

A la bonne foi, comme un âne qui trotte.

Bonne foi va tout droit, le dol par les détours.

Bourgeoisie.

Bourgeois de bourg tire son nom; bourg est un lieu à la demeure propre.

Le bourgeois est celui qui ne doit servitude.

Entre baron et serf, le bourgeois tient sa place.

Le bourgeois est natif, le bourgeois est aubain.

L'an fait bourgeois, ou bien l'aveu.

On ne peut devenir bourgeois de plusieurs lieux.

Qui se trouve partout n'est censé d'aucun lieu.

Pour trop avoir de logements on n'en a pas dû tout.

Banni ne peut être bourgeois.

Infâme ne pouvait avoir droit de bourgeois.

Le crime dépayse, il étrange les gens.

Bourgeois se dit, quoique sujet à cens.

Bourgeois et franc-alleu peuvent bien se disjoindre.

Franc-bourgeois ne devait nul droit de bourgeoisie.

Grand bourgeois devait plus, petit bourgeois doit moins.

Cautions et cautionnements.

N'est suffisant qui n'a rien que des meubles.

N'est solvable qui n'a des fonds.

Juge ne peut être caution.

Complice n'est caution suffisante.

Qui répond, se repent.

Caution n'est rien; le plus sûr est d'avoir.

Consignation passe caution.

De foi, fi; de plège (1), plaid; de gage, reconfort.

Qui demande le sien, ne donne pas caution; cela serait fâ-
cheux.

Cautions judiciaires n'ont lieu en France.

Tout étranger est sujet à caution.

Qui répond corps pour corps ne doit que le civil.

Cens.

Paye le cens ou déguerpis.

Cens en Berry quelquefois se prescrit.

Cens sur cens n'a pas lieu.

Le cens est divisible.

Le cens se doit rendu conduit.

De cens ne sont dûs que cinq ans.

Pour petit cens on ne s'oppose. Tel est celui qui consiste en
deniers.

Tout cens avecque soi emporte la directe.

_____

(1) Caution.

Le cens, joint à la rente, semble la conserver; mais des
    deux ainsi joints ne prétends que cinq ans.

La fraude a souvent joint la rente avec le cens.

Souvent de son détroit (1) on a fait la censive.

Achète et puis revends sous la charge du cens; tu te feras
    ainsi une bonne censive.

Cession de biens.

Étranger n'est reçu à la cession en France.

Femme en délit ne fait cession de biens.

Tuteur ne fait cession pour reliquat de compte.

Nulle cession pour dette nécessaire.

On ne renonce à la cession de biens.

Cession de biens n'est paiement.

Cession de biens n'infâme point.

Cession de droits.

Simple transport ne saisit point.

Usage en bois à aucun ne se cède.

Ne prends cession sur ton pupille.

Bien peut-on rembourser l'acheteur de litige.

Retrait lignager ne se cède à étranger.

Toute cession emporte garantie simple, mais non formelle,
    que la somme est due, mais non qu'elle soit solvable.

En Allemagne, le créancier ne cède sans le congé du débi-
    teur; car, qui veut devoir à l'un, ne veut devoir à tous.

Chasse.

Qui a fief a droit de chasse.

Tel peut chasser, qui ne le peut permettre.

Il est universel; il est au poil et à la plume.

Il est à moi, mon chien l'a pris.

Il sied au clerc de pêcher, mais non de chasser.

Le noble peut chasser, mais non le roturier.

Pour fait de chasse, on ne donne la mort.

Chasser à feu, à tous est défendu.

Traitez comme voleurs les gâte-raboulières.

Aire d'oiseau chez le roi est pour lui.

Fouettez les tirasseurs, fouettez les bricolistes,

---

(1) Juridiction.

Et tous autres pendards de même art convaincus.

Dans les forêts du roi jamais ne chasse à bruit,

Si tu n'as un bon titre, ou congé (1) par écrit.

Au chien couchant ne chasse en aucun lieu.

Choisis ton temps pour chasser dans les vignes.

Sans droit écrit, ou bien prescrit, ne fabrique garenne.

Chemins.

Grand chemin, mauvais voisin.

La rivière se fait chemin.

Mauvais laboureur laboure le chemin.

Qui gâte le chemin, le doit refaire avec amende.

Chemin royal a seize pieds de large; petit chemin aura du moins huit pieds.

Chetel (2).

Qui fit chetelier, fit larron.

La brebis du chetelier ne meurt jamais.

Qui prend à chetel, déroge; qui donne à chetel ne déroge.

Mieux vaut chetel en voie qu'argent en courroie (3).

Chetel vaut argent comptant.

Pour néant vend preneur sans congé du bailleur.

Pour néant vend varlet sans congé du seigneur.

Foire ne purge vente, mais tôt faut réclamer.

Brebis rogneuse fait les autres galeuses.

De brebis comptées, mange bien le loup.

Deux loups mangent bien une brebis.

De loup ne fais berger.

Qui a brebis, a peaux.

A mol pasteur le loup rendra (4) la laine.

Mauvaise garde paît le loup.

A riche homme sa vache souvent vêle, mais à pauvre elle avorte.

Chevalier et Ecuyer.

Pour l'amour du chevalier, baise la dame l'écuyer.

(1) Permission.

(2) Cheptel.

(3) Bourse.

(4) Vendra?

Peu donne à son écuyer, qui son couteau léche.
Nul ne doit seoir a manse (1) de baron s'il n'est chevalier.
De vilain le Roi seul fait chevalier.
Fait chevalier devient noble sans lettres.
Chevaliers sont ou d'armes ou de lettres.
Cent ans bannière, cent ans civière.
Hier vacher, huy chevalier.

Chicaneur.

Grand chicaneur, grand imposteur, grand débiteur ;
Dites le même du grand flatteur.
Homme pervers, va de travers.
Le diable berce le chicaneur, quand le chicaneur se repose.
Bon scolastique, bon chicaneur.
Embourbé voudrait embourber ; embrouillé voudrait em-
   brouiller.
Dans la forme ou le fond s'exerce la chicane.
Le chicaneur enfin a rencontré son maître.
Chien hargneux a toujours les oreilles déchirées.
A chicaner on devient pauvre.
Le siége d'Avignon nous apprit la chicane.
Dans le lit de la mort la chicane est permise.
Débattre son écrit (2), c'est vraiment chicaner.
Grande dispute, vérité rebute.

Comourants.

Le sain est présumé survivre le malade.
La mère a survécu apparemment son fruit.
Le vieux est trépassé, le jeune a survécu.
La mort se plaît à troubler l'ordre.
La mort ne choisit pas, elle fauche à tâtons.
Le premier né, le dernier mort.
Aussitôt meurt vache que veau, cavalle que poulain.

Communauté.

Du bien commun on ne fait pas monceau.
Tout sera fait négligemment, où l'un à l'autre toujours s'at-
   tend.

(1) Table.
(2) Contester ce qu'on a signé.

Marmite du commun, mal assaisonnée.

Ane du commun, mal bâté.

Hôtel du commun, mal bâti.

Le loup mange l'âne du commun.

Qui sert commun, ne sert aucun.

Qui de mâtin fait son compère, plus de bâton ne doit porter.

Qui a le loup pour compagnon, porte le chien ou un bâton.

Qui a compagnon a maître.

Femme musse (1) les avoirs du mari, et puis vend la communauté.

Compensation.

Compensation n'a lieu en dette peu liquide, en dette privilégiée, en dette non exigible, en matière de crime, en recette royale.

N'a compensation qui ne la demande.

Le compenser est de justice.

Moins vaut payer que répéter.

Cession n'empêche compensation; autrement on ne compenserait jamais.

Compensation se fait jusqu'à due concurrence.

Complainte.

Assez demande qui se complaint.

Non possédant ne peut prétendre trouble.

Non possédant ne peut former complainte.

Jamais le Roi n'intente de complainte.

Entre seigneur et vassal n'échet complainte.

Complainte volontiers pour meuble n'est reçue.

Pour simple meuble on n'intente complainte.

Après an et jour de possession, peut-on former complainte dans l'an et jour du trouble?

Par prévention le Roi connaît de toute complainte.

Compromis.

Qui compromet son chapeau en a déjà perdu le cordon. Qui compromet sa robe en a déjà perdu les manches.

A quoi bon compromis non cimenté de peine?

Transaction passe compromis.

(1) Cache.

Compte.

Qui manie se rend comptable.

Qui compte seul, compte deux fois.

Le rendant compte, avance les dépens; mais l'oyant compte enfin les rend.

Qui a son compte, il est content.

Le bon compte fait les bons amis.

Il n'est pas quitte qui doit de reste.

A tout bon compte revenir.

En compte ne gît provision, s'il n'y a faute de la part du comptable.

Qui vit par compte, vit par honte.

Confession en justice.

Confession vaut conviction.

Martyr plutôt que confesseur.

On est puni pour dire vrai; on est puni pour dire faux.

Sot est qui fait un crime, plus sot qui se laisse prendre, très-sot qui le confesse.

Qui varie, se coupe ou coulpe (1).

Confiscation.

Qui confisque le corps, confisque aussi les biens, mais non par tout pays; si ce n'est en crime de majesté blessée (2).

Prison perpétuelle, bannissement perpétuel, ou galère perpétuelle emportent confiscation où confiscation a lieu.

Qui se donne la mort, confisque tous ses biens, où confiscation a lieu.

De tous biens confisqués profite le seigneur.

Le seigneur du lieu où demeure le criminel, profite des meubles, et le seigneur du lieu où sont situés les fonds, profite des fonds.

Femme mariée ne commet (3) que ses propres.

Conquêts.

Conquêts se font par deux, acquets se font par un;

La femme fait ou défait la maison.

●

(1) *Se coulpe.* S'avoue coupable, s'inculpe lui-même.

(2) Nous disons *de lèse-majesté*.

(3) N'expose à la confiscation.

Le mari doit gagner, la femme doit épargner.

Le mari au dehors et la femme au dedans.

Pour la volée ne prend le bon (?).

En mangeant l'appétit vient.

Chose acquise, chose chérie.

De grosse table, à l'étable; de grand train sur l'estrain (1).

De grosse cuisine, pauvreté voisine.

Après la fête on gratte sa tête.

Conquets sont communs.

Conquets ne tombent en retrait.

Femme ne confisque sa part aux conquets.

Tout fut au mari, et tout y sera.

Le mari peut, vivant, disposer des conquets; bien entendu sans fraude.

Consultation.

Qui veut plaidoyer, y doit bien pourpenser.

Consulte le matin, exécute le soir.

Consultez à loisir, mais exécutez tôt.

Pour néant consulte qui n'écoute.

Après procès perdu, en vain consulteras.

Est fou qui fou consulte.

Conseil non frauduleux n'oblige le donneur.

Mauvais est le conseil qui ne se peut changer.

A Bourges, ce 14 août 1683.

(1) Estrain, paille.

BIBLIOGRAPHIE RAISONNÉE

DES ÉCRITS DE NICOLAS CATHERINOT.

Niceron, dans ses Mémoires, s'exprime ainsi au sujet des nombreuses plaquettes que Catherinot a semées sur sa route :

« Ses opuscules peu recherchés autrefois commencent à le devenir maintenant, à cause de leur rareté et de la difficulté de les rassembler : circonstances qui font le mérite de bien des livres, dont on ne feroit point de cas sans cela. On ne les trouve plus que dans les cabinets des curieux, *dont aucun même n'en a le recueil complet.*

» On assure qu'il a mis 130 traités au jour. Je ne sçai si ce calcul est juste ; mais je n'en ai pû découvrir que 118, dont la plus grande partie m'a passé par les mains (1). »

Ainsi, dès le commencement du xviiie siècle, le nombre et la liste des opuscules de Catherinot paraissaient impossibles à établir, et aucun collectionneur ne pouvait se flatter de les avoir réunis tous. Clément, dans sa *Bibliothèque curieuse*, confirme le dire de Niceron. Il nous apprend qu'à Bourges les opuscules de Catherinot étaient dispersés à tous les vents, parfois sans avoir laissé de traces (2). Il se piqua toutefois d'être

---

(1) Niceron, *Mémoires pour servir à l'histoire des hommes illustres*, Paris, 1734, t. XXX, p. 194.

(2) On y disait qu'il faudrait bien dix ans pour en ramasser 100 pièces à Bourges même. Clément, *Bibliothèque curieuse*, VI, p. 430. Leipzig, 1756.

mieux renseigné que ses devanciers, et dressa hardiment une liste de 182 traités divers s'aidant, dit-il, des informations particulières recueillies et mises à sa disposition par M. Engel, auteur d'une *Bibliotheca selectissima* (Berne, 1743). Clément aurait pu s'épargner le recours à des intermédiaires si multiples, car le tiers environ des numéros qu'il a laborieusement alignés, il aurait pu les trouver sans peine aucune dans la liste dressée par Catherinot lui-même des *pièces qui lui restoient à imprimer* (1). Ce sont, comme on le verra par cette liste que nous donnons plus loin, de simples projets d'articles qui embrassent toute la science divine et profane et dont beaucoup, je le crains, n'ont jamais existé que dans le cerveau en travail de Catherinot.

La bibliographie en somme la plus complète est celle que le Père Lelong a insérée dans sa *Bibliothèque historique* (2). Elle comprend 130 numéros. Toutefois, il est à remarquer que bien des opuscules y figurent que le bibliographe n'a pas dû avoir lui-même entre les mains, si l'on en juge par les indications fort imparfaites qu'il en donne.

Nous avons pensé qu'il serait intéressant de chercher à cette bibliographie une base plus certaine. Beaucoup d'opuscules de Catherinot figurent, en effet, dans les listes qu'il a publiées lui-même, sous des titres de convention comme : *les Anticommuneaux*, *le Billet suspect*, le *Décret volontaire*. Ils grossissent ainsi les catalogues des bibliographes sous deux noms différents. D'autres pièces ont pu être annoncées, commencées même d'imprimer et jamais livrées au public.

Pour éviter toutes ces chances d'erreur je me suis donné la tâche de découvrir le plus grand nombre possible d'écrits de Catherinot, et de cataloguer séparément tous ceux que j'aurais pu découvrir. Après divers tâtonnements, j'ai eu la bonne fortune de trouver à la Bibliothèque nationale le recueil le plus complet qui jamais ait été signalé.

Il se compose de deux volumes, plus un certain nombre de pièces détachées. M. Berriat Saint-Prix en eut communication

---

(1) J'en dis exactement autant des prétendus catalogues de manuscrits de Catherinot, publiés par d'autres auteurs, par l'abbé Archimbaut, par exemple, dans ses *Pièces fugitives*, t. II.

(2) *Bibliothèque historique*, III, p. 434-436.

en 1824, et y ajouta alors une table qui ne comprend pas
moins de 173 numéros. Ce chiffre toutefois a un côté fictif. Outre
des pièces faussement attribuées à Catherinot, Berriat Saint-
Prix a compté deux fois les mêmes pièces sous des titres dis-
tincts, et numéroté de simples fiches qui se bornent à constater
que la pièce elle-même manque à la collection. En comparant
avec le plus grand soin les éléments de ce recueil avec les listes
données par Niceron, Clément et le Père Lelong, j'ai pu me
convaincre qu'à quelques exceptions près et abstraction faite
des écrits imaginaires, tous les opuscules de Catherinot se
retrouvent là, et que plusieurs s'y trouvent qu'aucun bibliographe n'avait connus.

Catherinot nous apprend quelque part qu'il avait l'intention
de réunir tous ses écrits épars, en les complétant. Le passage
est assez curieux, pour être reproduit :

« ... Si l'Eglise ou le siècle me fait un jour quelque loisir,
*j'espère bien ramasser tout en un volume, y donner les pièces
entières que j'ai été contraint d'estropier pour épargner ma
bourse, j'espère même d'en ajouter plus d'une centaine d'autres.*
Car enfin par ce que j'ai donné jusques ici, je puis faire foi
de ce que je puis donner encore ci-après. Il y a plus de qua-
rente-ans que je ramasse et que je spécule, et j'ai tant veillé
de nuits sur mes Paperats, que pour cinquante-cinq ans que
j'ai vécu, je puis bien en compter 80. Je me suis aussi toujours muni d'un crayon et d'un encrier dans mes sorties.
Ainsi rien de curieux ne m'est échappé. J'ai copié les petites
pièces et j'ai abrégé les grandes. Je ne me nourris que d'essences et de pressis, je laisse volontiers le marc et la lie aux
moins délicats. Trois choses ont toujours fait le principal fond
de mes études, l'histoire, la géographie et la considération
des ouvrages de Dieu et de la nature. Le reste ne m'a servi
que de Parergues, de Parenthèses, d'Entractes et divertisse-
ments.

« De Bourges, ce 15 septembre 1683. »

Le recueil de la Bibliothèque nationale nous fait voir que le
projet de *ramasser tout en un volume* avait reçu un commen-

cement d'exécution. En tête est placé le titre imprimé que voici :

LES

OPUSCULES

LATINES ET FRANÇOISES

DE DROIT

ET D'HISTOIRE

de

NICOLAS CATHERINOT

ECUYER Sʳ DE COULONS

AVOCAT DU ROY

ET

SON CONSEILLER

AU PRÉSIDIAL

ET AUTRES JURIDICTIONS

ROYALES

DE BOURGES.

La seule présence de ce titre fait penser que le recueil a été formé par une personne qui touchait de près à l'auteur. Et, en effet, beaucoup des pièces dont il se compose portent soit des titres écrits de la main de Catherinot, soit des dédicaces, soit même sa signature. Enfin aux opuscules imprimés se trouvent joints divers manuscrits dont nous aurons tout à l'heure à parler avec plus de détail. Le titre est revêtu, au haut, de la signature paraphée de *Gougnon, chevalier Dargenson;* et au verso de la dernière page d'une des pièces (le 2ᵉ factum de noblesse), Catherinot a écrit « *Pour M. le chevalier d'Argenson.* » Quel était ce chevalier d'Argenson? Il est parlé de lui, en termes suivants, à la fin de l'*Escu d'alliance* (p. 20) : « Monsieur Gougnon, connu sous le nom de chevalier d'Argenson et qui connoist toutes les maisons de France mais principalement celles de Berry et de Poictou. » Les auteurs de la *Biographie Didot* ont conclu de ce passage que Jacques Gougnon, dit le chevalier d'Argenson, fils du seigneur de Bois de Vèvre, était un *généalogiste français.* On pourrait tout aussi bien dire qu'il était peintre français, car à la fin du *Traité de la peinture* de Catherinot on peut lire : « Ajoutez à nos peintres de Bourges M. le chevalier Gougnon, fils de M. Gougnon, avocat du Roy. » Il s'agit donc du fils de Jacques Gougnon, écuyer, sieur du Bois de Vèvre, avocat du Roi à Bourges depuis 1642, conseiller au présidial (1). Catherinot parle sans cesse de ce dernier : il était à la fois son parent, son collègue et son ami ; il le tenait en haute estime pour sa science et son caractère. Dans le traité des Coutumes de Berry (p. 2), il l'appelle *très-docte avocat du Roy*, *mon collègue*, et plus loin *Jacques Gougnon, premier advocat du Roy, mon collègue* (p. 15). Il lui a dédié par une longue lettre la *Dissertation que le Parquet de Bourges est du Corps de l'Université*, reconnaissant que pour le composer il avait profité de ses avis et qu'il lui était redevable d'une partie des pièces justificatives, proclamant surtout que depuis l'an 1655 où il était devenu le collègue de Gougnon, ils avaient vécu dans la plus parfaite intimité.

Nous avons donc, tout porte à le croire, une collection assemblée avec soin par une famille amie de Catherinot, passionnée comme lui pour les choses du passé, et il serait singulier que l'œuvre du fécond Berruyer ne se trouvât pas là tout entière à d'infimes exceptions près.

Je n'hésite pas à considérer cette collection comme la base bibliographique la plus solide. Elle nous donne 132 pièces imprimées (2). Je les classe par ordre chronologique. A la suite j'indiquerai les titres des opuscules qui n'y figurent pas et que d'autres bibliographes ont cités, probablement sans les avoir vus.

État descriptif des opuscules imprimés de Catherinot.

1. — 1660. 1er février. — *Notæ ad testamentum Pithæanum.* In-12, 20 pp. (Bourges, impr. J. Cristo.)

2. — 1660. 1er avril. — *Epigrammatum liber primus.* In-12, 20 pp. (Bourges, impr. J. Cristo.)

---

(1) Voyez La Thaumassière, *Histoire du Berry* (1689), p. 55, 57, etc.

(2) L'exactitude de ce chiffre ressort de l'éloge de Catherinot inséré au *Journal des Savants* du 30 août 1688 (voyez *infra*, p. 95, note 2).

3. — 1660. 13 juin. — *Observationum et conjecturarum liber primus.* In-12, 36 pp. (impr. J. Cristo.)

Dédié à Ménage, ce 1er livre d'observations et conjectures, de même que les trois livres suivants, se compose de remarques philologiques et juridiques sur les lois du Digeste.

4. — 1660. 29 juillet. — *Epigrammatum liber secundus.* In-12, 20 pp. (Bourges, impr. J. Toubeau.)

5. — 1660. 6 août. — *Benigno lectori Nicolaus Catharinus.* In-12, 2 pp.

Ce sont des erratas pour le Livre II des Epigrammes.

6. — 1660. 13 septembre. — *Notæ ad altercationes Hadriani imperatoris.* In-12, 58 pp.

Catherinot commente les deux dialogues d'Adrien avec Epictète et avec Pline qui sont placés à la suite de la *Notitia dignitatum*. Il dédie son commentaire à Philippe Labbe qui venait de donner une nouvelle édition de la *Notitia,* mais avait contesté l'authenticité des *altercationes.* A ce sujet Catherinot dit : « Existimo hunc libellum (l'*altercatio Epicteti*) partim esse genuinum Hadriani interrogantis et Epicteti respondentis sed locis aliquot interpolatum et ex græco sermone in latinum jam olim conversum. »

7. — 1660. 20 septembre. — *Epistola amoebea Gasparo Thaumassio.* In-4°, 4 pp.

Catherinot remercie La Thaumassière de lui avoir dédié la première centurie de ses *Questions et Réponses sur les Coutumes de Berry* (1660).

8. — 1660. 19 novembre. — *Epigrammatum liber tertius.* In-12, 20 pp. 1er janvier. (Bourges, Jean Toubeau.)

9. — 1661. — *Observationum et Conjecturarum liber secundus.* In-12, 43 pp. (Bourges, impr. J. Cristo.)

Dédié à Louis Nublé, avocat au Parlement de Paris.

10. — 1661. — *Observationum et Conjecturarum liber tertius.* In-12, 40 pp. (Bourges, impr. Jean Toubeau.).

11. — 1661. — *Epigrammatum liber quartus.* In-12, 20 pp.

12. — 1661. Octobre. — *Epigrammatum liber quintus.* In-12, 20 pp.

13. — 1661. Octobre. — *Notæ ad Symposii Enigmata.* In-12, 52 pp.

14. — 1661. Décembre. — *Observationum et conjecturarum liber quartus.* In-12, 50 pp. (Bourges, impr. Jean Toubeau.)

15. — 1662. — *Dissertation ou discours sur la qualité des personnes et heritages, à Messieurs du Présidial de Bourges.* In-4°, 58 pp. (Signé Dumoulin I. C.)

Cette pièce n'a été signalée par aucun bibliographe. Catherinot s'attache à démontrer qu'en principe *terres et personnes sont franches.* Il soulève lui-même (p. 2), le masque dont il avait couvert son nom.

16. — 1662. — *Dissertations du droit français.* In-4°, 24 pp.

Il y a en tout 24 dissertations ou chapitres dont voici les sujets.

I. Des jumeaux. — II. Adjudication des intérêts. — III. Interests des interests. — IV. Saisie censuelle emportant gain des fruits. — V. Exemption de tutele pour nombre d'enfants. — VI. Restitution des mineurs trop facile. — VII. Rente constituable mais non pas payable en espèce. — VIII. Si les chetels de porcs sont usuraires. — IX. Testament sans datte. — X. Ermites si succèdent. — XI. Obligation et cédulle du même jour. — XII. Jouyssance des biens du mary pour defaut de restitution des biens de la vefve. — XIII. Effets du payement actuel et entier. — XIV. Du tiers-acquéreur qui a acquis sans la charge d'une rente constituée. — XV. Du religieux qui estoit contraignable par corps. — XVI. Dérogations aux coustumes. — XVII. Maire et eschevins de Bourges continuez plusieurs années. — XVIII. Rentes sous sein (*sic*) privé sont immeubles. — XIX. Aage des tesmoins retractuels et qui le doit prouver. — XX. Inventaire a quels despens doit être fait. — XXI. Grosses reparations de souferme. — XXII. De l'incendie d'une maison dépendante d'un bénéfice. — XXIII. Des matières alimentaires. — XXIV. Restitution de veufve contre acceptation ou renonciation de communauté.

17. — 1662. 15 juillet. — *Sommaire du procès de M. René Dorsanne sieur du Souchet, contre S. A. S. Monseigneur le Prince.* In-4°, 12 pp.

C'est évidemment la même pièce que le *franc-alleu de Berry* indiqué par Niceron et Clément comme un factum pour le seigneur de Tizay. (Voyez p. 10.)

18. — 1663. — *Coustumes générales de Berry.* Reveues et corrigées : Avec un Traité des mesmes Coustumes. In-16, 470 pp. (Bourges, impr. Jean Cristo) avec une vignette représentant un berger qui défend son troupeau contre les loups, tandis qu'un autre se sauve en abandonnant le sien.

Voici le contenu du volume :

Espitre dédicatoire à Monseigneur de Clerambault, gouverneur de Berry (datée du 2 août 1662), 6 pp. — Texte des Coustumes générales, 242 pp. — Procès-verbal, 174 pp. — Traité des Coustumes de Berry et table, 48 pp.

Catherinot comprenait l'importance des Coutumes anciennes, et il avait eu l'intention de publier celles qui étaient inédites de son temps et que La Thaumassière mit plus tard au jour. (Voyez note à la suite des Coustumes générales, p. 242.) Il possédait, nous dit-il, quatre manuscrits de l'ancienne coutume de Berry. (*Traité*, p. 2.) — Catherinot était grand collectionneur. Il dit quelque part : « Je ne me lève point de mon lict pour philosopher, mais je cours les bibliothèques, les cartulaires et les conférences, et quelquefois les boutiques et les greniers. » (*Annales thémistiques*, p. 1.)

19. — 1663. — *Recueil de quelques titres pour montrer que le pré de Cradssay, la rivière de Vauroux et les islons Deperelles appartiennent au seigneur de Coulons et non à autres et que ce ne sont point communes ou communeaux.* In-4°, 8 pp.

La même pièce qui est citée sous le nom des *Anticommuneaux*. L'exemplaire de la Bibliothèque nationale porte, en effet, ce titre écrit de la main de Catherinot ; au bas de la dernière page se trouve sa signature manuscrite.

20. — 1663. — *Testament de René Dorsanne*, président et lieutenant-général à Issoudun (seigneur de Tizay). In-4°, 8 pp.

21. — 1664. — *Epigrammatum libri VI, VII et VIII.* In-4°, 63 pp. (Bourges, Jean Cristo.)

22. — 1665. — *Factum pour Denys Catherinot sieur de Champroy, contre M. le Procureur général de la Cour des Aydes.* Petit in-fol., 2 pp. (LE NOBLE MAL TAXÉ.)

23. — 1665. — *Deuxième factum de noblesse.* In-4°, 4 pp. (pour Catherinot contre le Procureur général de la Cour des Aydes.)

24. — 1667. — *Recueil des règlements du Palais Royal de Bourges et Province de Berry.* In-16, 215 pp. (Bourges, chez Jean Toubeau) (sans nom d'auteur).

Niceron avait dit de ce recueil : « *Je ne sçai ce que c'est.* » — Le voici :

En tête du volume se trouve une dédicace de 7 pages de Jean Toubeau à MM. du Présidial de Bourges ; il y dit que « M. Catherinot a non-seulement fourny tous ces Règlements, tant imprimés que manuscrits, mais encore qu'il les a digérés et mis dans l'ordre que vous les voyez et y a ajouté les Sommaires et la Table. »

Suit un *nouveau Calendrier du Palais-Royal de Bourges*, et enfin le Règlement du Palais royal de Bourges :

1° Règlement général (14 août 1617);

2° Règlement du criminel (29 mars 1617) ;

3° Règlement des greffiers, etc.

En tout 12 règlements pour l'administration de la justice dans le ressort du présidial de Bourges.

25. — 1669. — *Factum de l'office de receveur provincial alternatif des décimes en la généralité de Bourges.* In-4°, 11 pp. (LE DÉCRET SUPPOSÉ.)

Factum pour les héritiers du sieur Dorsanne du Souchet, au nombre desquels se trouvait la femme de Catherinot, Marie Dorsanne.

26. — 1669. 2 décembre. — *Extrait tiré de la vie de M. le Président de Thou.* In-4°, 6 pp. (sur la généalogie de Broé).

27. — 1671. — *Factum pour M. Nicolas Catherinot, sieur de Coulons... Contre M. René Dorsanne, seigneur de Tizay... Lieutenant général au siège royal d'Issoudun.* In-4°, 10 pp. (LA CHARGE SUIT LA CHOSE.)

28. — 1672. — *Que le Parquet de Bourges est du corps de l'Université.* In-4°, 20 pp., plus 11 pages préliminaires. (Bourges, chez Jean Toubeau.)

29. — 1672. — *Scholarum Bituricarum inscriptio.* In-4°, 12 pp. (Bourges, impr. Jean Toubeau.)

Annales de l'Université de Bourges, avec liste des professeurs (1).

30. — 1672. 1er mars. — *De auctore Actorum Sanctarum Perpetuæ et Felicitatis.* In-4°, 10 pp. (*Epistola ad Henricum Valesium.*)

---

(1) Dans son *Supplément au traité des criées* paru sans nom d'auteur en 1686 (in-12), Bruneau fait connaître les docteurs reçus à l'Université de Bourges « suivant, dit-il, les inaugurations ou Doctorandes de Droit, qui » sont conservées dans les Registres de l'Hôtel de Ville, qui m'ont été four- » nies par monsieur Catherinot, conseiller et avocat du Roy à Bourges, » fort éclairé dans l'antiquité, comme il a fait paroître dans divers ouvrages, » qu'il a donnez au public, qui marquent beaucoup de literature (p. 95-96). »

31. — 1672. — *Factum pour Mc Denys Catherinot, receveur provincial des décimes en la généralité de Bourges, demandeur en taxe et payement solidaire de dépens, contre Mc Michel Salas cy-devant commis à la Recette des Décimes au diocèze d'Orléans et le clergé du même diocèze, défendeurs.* In-4°, 4 pp. (LES DÉPENS REFUSÉS.)

32. — 1672. — *Manuel de l'Hôpital général de Bourges.* In-4°, 27 pp. (Bourges, impr. Jean Cristo.)

Privilèges, règlements et liste des bienfaiteurs de l'hôpital de Bourges.

33. — 1672 (exeunte 1671). — *Distiques sur le Louvre,* au Roi. In-8°, 15 pp. (Bourges, Jean Toubeau.)

Distiques latins avec une dédicace en français au Roi.

34. — 1673. — *Généalogie de Messieurs Dorsanne.* In-4°, 8 pp.

35. — 1674. — *Tombeau généalogique.* In-4°, 40 pp.

Généalogie de sa famille à l'occasion de la mort de son fils René (2 avril 1655).

« Qu'il te souvienne Lecteur, que quoy que les généalogies ne soient
» d'aucun secours pour les défunts, elles sont néanmoins très-utiles
» aux vivants et même nécessaires... Il importe d'estre savant dans
» sa famille et dans celle des autres pour rabattre de son orgueil et
» de tenir pour axiome sans exception que la principale Noblesse
» consiste au mérite personel. Que le sang des nobles n'est pas de
» couleur plus vive que celui des non-nobles, que les crânes des uns et
» des autres sont semblables après la mort;... que Dieu ne créa pas
» l'Adam des uns et l'Adam des autres..... (p. 1.)

36. — 1674. — *Les Avocats du Roi conseillers.* In-4°, 8 pp.

Dissertation dont l'objet est d'établir que les avocats du Roi, à Bourges, étaient conseillers en titre d'office, et qu'ils avaient le droit de retenir l'une des fonctions en quittant l'autre. A la suite se trouve une généalogie de MM. Claude et Philippe Lebègue, avocats du Roi et conseillers.

37. — 1674. — *Manifeste de l'Hôpital général de Bourges.* In-4°, 7 pp. (LE BILLET SUSPECT.)

Mémoire de procès pour l'Hôpital de Bourges.

38. — 1675. — *Fori Bituricensis inscriptio.* In-4°, 44 pp. (Bourges, Jean Cristo.)

Contient une infinité de renseignements et de dates sur les scigneurs, magistrats et officiers de Bourges, comtes, ducs, présidents, avocats du Roi, procureurs du Roi, prévôts, etc.

39. — 1676. — *Requeste au Parlement.* In-4°, 1 p.

Pour Denys Catherinot

« Le sieur Catherinot, Avocat du Roy.... autheur des opuscules » cy-attachez et de quelques autres est intéressé au procez et supplie » très-humblement la Cour de *lui faire bonne et briefve justice afin* » *qu'il ayt le loisir d'achever les autres ouvrages qu'il prépare pour* » *bien mériter du Public.* »

40. — 1676. — *Requeste pour Factum à Nosseigneurs du Parlement.* In-4°, 4 pp.

Pour Denys Catherinot contre Salas.

41. — 1676. — *Supplément de Factum.* In-4°, 3 pp.

Pour Denys Catherinot, demandeur, contre Marie Salas.

42. — 1676. — *Que les coutumes ne sont pas de droit étroit.* In-4°, 19 pp.

» Je prétends, faire voir que le droit Coustumier est notre droit » commun, avec les Édits de nos Roys, et les Arrests généraux des » Cours Souveraines, qu'en cette qualité nos coûtumes peuvent être » entendues d'un cas à un autre, quand l'équité le demande et la » raison le persuade, et qu'enfin c'est faire un déshonneur à nostre » France et un tort à la justice de préférer si hautement le droit Romain à nostre droit François, et que tout au plus le droit Romain ne » peut estre placé que vis-à-vis du droit Coustumier. »

43. — 1676. 27 juillet. — *Ad G. Lamonium Senatus Parisiensis principem illustriss. Propempticum.* In-4°, 1 p.

44. — 1677. Janvier. — *Repotia Catharinica.* In-4°, 4 pp.

Ce sont trois pièces de vers latins et un madrigal de La Chapelle, faits à l'occasion d'un double accident survenu le lendemain et quelques jours après le mariage de la fille de Catherinot avec Guillaume de Saussay. Un plancher s'écroula sous une nombreuse assistance et une cheminée s'abattit, sans que personne ne fût blessé.

45. — 1677. — *Griefs, conclusions incidentes et défences du sieur Lelarge de Parassay appellant, contre le sieur Barbes d'Avrilly intimé.* In-4°, 4 pp. (1ʳᵉ partie du *Décret volontaire*).

46. — 1677. — (*Le Décret volontaire*), (2ᵉ partie). In-4°, 4 pp.

47. — 1677. — *Manifeste pour le Seigneur de Coulons-sur-Oron.* In-4°, 8 pp. (LE HUITIÈME DENIER.)

Pour Catherinot lui-même contre le *Traitant des taxes sur les biens aliénés de l'Église* qui lui réclamait le huitième denier sur sa terre de Coulons.

48. — 1678. — *Question d'une rente amortie.* In-4°, 4 pp.

Factum sur une contestation née du chef de la mère de Catherinot.

49. — 1678. — *L'Appel sans grief.* In-4°, 4 pp.

Mémoire dans un procès de succession contre les écuyers Riglet, dans lequel Catherinot était intéressé.

50. — 1678. — *Le légataire héritier.* In-8°, 4 pp.

Mémoire pour Catherinot contre Charles de la Roche Aymond sieur de Boisbertrand.

51. — 1678. 1ᵉʳ novembre. — *Ejusdem auctoris inscriptio.* In-4°, 2 pp.

Epigramme et *inscription* à l'adresse de la Thaumassière pour être placées en tête des *Anciennes et nouvelles Coutumes du Berry*.

52. — 1679. — *Le prest gratuit.* In-4°, 92 pp. (Bourges, impr. Jean Cristo.)

C'est le plus long opuscule de Catherinot. Il est dirigé contre la légitimité du prêt à intérêt, et renferme de nombreuses digressions; une par exemple sur l'origine romaine des noms de lieux (p. 20 et suiv.). — Dans la conclusion je relève des axiomes de droit nombreux :

« C'est un mauvais bien celui qu'on doit. Il ne faut ni devoir ni
» plaider. Qui doit des rentes est pire qu'un fermier, car il ne peut
» demander aucune diminution pour les cas fortuits... Nous n'avons
» dés-jà que trop de ces créanciers, nos enfans et les pauvres. Qui
» s'aquite s'enrichit, qui s'endebte s'appauvrit. Il vaut mieux estre
» isle que continent, séparé que lié et attaché. Les goutes et les dettes
» font passer de mauvaises nuits. L'emprunt est comique dans son
» commencement et tragique dans sa fin. Il commence par *mirabilia*
» et finit par *deficit*. C'est un secours ruineux, une charité cruelle.

» Il en est des rentes comme de ces grands fleuves qui portent ba-
« teau dès leur source. Il en est comme de la machoire qui défit les
» Philistins, et de la fronde qui abatit Goliat. Il devroit être aussi
» défendu de se ruiner que de se tuer, comme en fait de mainmortes,
» de mineurs, d'interdits, d'associez, de femmes mariées, de douaires,
» donations et substitutions. Qui emprunte rougit une fois et pâlit dix.
» Probablement les emprunteurs naissent sous le signe de l'écrevisse,
» comme les prêteurs sous celui de la balance, etc. (p. 90-91). »

Catherinot paraît avoir eu des doutes quant à l'orthodoxie de cer-
taines théories émises dans cet opuscule, car sur un exemplaire qui

est conservé aux manuscrits de la Bibliothèque nationale (fonds français, n° 25,206), je trouve écrit de sa main : « Je prie très humblement Mr Petitpied, curé de St-Martial et cons. clerc aux Chastellet de Paris, d'examiner ceci et me mander ce qui mérite correction. »

53. — 1679. — *L'avantage sans avantage.* In-4°, 4 pp.
Mémoire pour Guillaume de Sauzay.

54. — 1679. — *Les Novales de Venesme.* In-4°, 4 pp.
Mémoire pour Denys Catherinot, contre le curé de Venesme.

55. — 1680. — *Le partage inégal.* In-4°, 40 pp.
Mémoire sur un partage de succession dans lequel Catherinot était intéressé.

56. — 1680. — *Escu d'alliance.* In-4°, 20 pp. (avec une planche de blasons).

57. — 1680. 15 juillet. — *Lettre circulaire aux curés.* In-4°, 4 pp.
C'est une lettre suivie d'un questionnaire, le tout adressé aux curés du diocèse de Bourges. Catherinot dit qu'il travaille, sous les auspices de l'archevêque, aux annales du diocèse.

58. — 1680. 1er octobre. — *Le sanctuaire du Berry.* In-4°, 36 pp. (Bourges, impr. Jean Toubeau.)
Liste de saints et martyrs du Berry.

59. — 1681. 1er janvier. — *Le patriarcat de Bourges.* In-4°, 20 pp. (Bourges, impr. Jean Cristo.)

60. — 1681. 30 juin. — *Le nobiliaire du Berry.* In-4°, 8 pp. (Bourges.)

61. — 1681. — *La bonne foy du Sr Catherinot.* In-4°, 4 pp.
Mémoire pour Catherinot contre les héritiers de Guenois de Prunay.

62. — 1681. — *Castigationes ad Hymnos Ecclesiæ.* In-4°, 8 pp.

63. — (1681). — *L'abonnement de Poincy.* In-4°, 4 pp.
C'est un factum non pas pour le sieur de Poincy, comme le dit Niceron, mais contre ce seigneur, et en faveur des habitants de la paroisse de Soix.

64. — 1681. — *Le mal assigné* (1re partie). In-4°, 4 pp.
Mémoire pour Guillaume de Sauzay, son gendre, contre François-Agard S. de Vareul.

65. — Après 1681. — *Le Mal assigné* (2e partie). In-4°, 12 pp.
Pièces justificatives du Mémoire qui précède.

66. — 1682. 15 juin. — *Le droit de Berry*. In-4°, 12 pp.

Tablettes chronologiques du droit, en Berry.

67. — 1682. 30 juin. — *Le nécrologe de Berry*. In-4°, 8 pp.

De l'an 251 à 997

68. — 1682. 8 juillet. — *La main de Scévola*. In-4°, 12 pp.

« Toute la terre est fort persuadée de la grande Action de Mucius » Cordus qui se brûla la main dextre ayant manqué son coup sur » Porsenna : et toute la Terre se trompe bien fort. »

69. — 1682. 28 juillet. — *Les antiquités romaines du Berry*. In-4°, 8 pp.

Catherinot énumère vingt-quatre antiquités romaines du Berry. La 22ᵉ est la coutume du Berry, car, dit-il, elle symbolyse beaucoup avec le droit romain.

70. — 1682. 12 septembre. — *Les illustres du Berry*. In-4°, 12 pp.

« Je commence par l'Eglise, je continue par la Noblesse, la Justice, la Finance; je finis par les sciences et les arts... Ce n'est point mon dessein de préjudicier aux rangs et aux personnes. »

71. — 1682. 28 novembre. — *La prévention*. In-4°, 8 pp.

Recherches sur l'origine et la légitimité du *droit de prévention* (droit d'évocation) que Catherinot définit ainsi : Un droit appartenant aux Présidiaux, Baillifs et Sénéchaux de France, et particulièrement à notre siège de Bourges, qui consiste à connoître en première instance sur les juges non royaux, d'une matière de laquelle ils ne devroient connoître qu'en cause d'appel... « C'est aller, dit-il, de prin vol à la source ; » et plus loin : « Aucuns estiment qu'il seroit bon de supprimer à présent toutes les justices seigneuriales, comme on a supprimé depuis quatre siècles toutes les monnoyes seigneuriales ; car les unes, pour l'ordinaire, ne sont pas de meilleur alloy qu'étoient les autres.

» En Angleterre, le Roy seul a haute justice; il en est comme des balennes, dauphins, estourgeons et des autres gros poissons... Mais en France, le tout est en Justice, aussi bien qu'en Bénéfice. »

72. — 1682. 7 décembre. — *Le décret de Maron*. In-4°, 12 pp.

Mémoire au sujet de la vente du domaine de Maron.

73. — 1682. 18 décembre. — *La chronographie de Berry*. In-4°, 8 pp. (Bourges.)

De 1001 à 1174.

74. — 1682. — *Le créancier plus que payé*. In-4°, 4 pp.

75. — 1682. — *La plaideuse*. In-4°, 4 pp.

Mémoire dans une cause quelque peu grasse.

76. — 1683. 7 janvier. — *Les tribunaux de Bourges*. In-4°, 12 pp.

Énumération des diverses juridictions ecclésiastiques et laïques de Bourges, avec indication de leur ressort, des sièges de justice, des heures et jours d'audience, etc.

A la suite, Table d'errata pour la *Chronographie de Bourges*.

77. — 1683. 20 janvier. — *La rente de Seris*. In-4°, 4 pp.

78. — 1683. 1er mars. — *Les patronages de Berry*. In-4°, 8 pp.

79. — 1683. 15 mars. — *Les églises de Bourges*. In-4°, 12 pp.

80. — 1683. 27 mars. — *Les Archevêques de Bourges*. In-4°, 8 pp.

Liste de 51 archevêques de Bourges depuis saint Ursin jusqu'à Maubert ou Maldebert, tué en 910. « Je demeure ici, dit Catherinot, parceque le reste est facile. »

81. — 1683. 1er juillet. — *Les recherches de Berry*. In-4°, 8 pp.

Recherches par ordre alphabétique sur quelques localités de Berry. Indication de chartes de coutume. Commence par *Acheres* et finit par *Concressault*.

82. — 1683. 23 juillet. — *Annales typographiques de Bourges*. In-4°, 8 pp.

Énumération d'ouvrages publiés par des personnes originaires de Bourges ou domiciliées dans cette ville, de 1490 à 1571.

83. — 1683. 5 août. — *Le pouillé de Bourges*. In-4°, 16 pp.

84. — 1683. 14 août. — *Les axiomes du droit français*. In-4°, 4 pp.

85. — 1683. 17 août. — *Le vray Avaric*. In-4°, 12 pp.

Catherinot veut prouver que c'est Bourges et non Vierzon qui est l'*Avaricum* de César.

86. — 1683. 23 août. — *La Gaule grecque*. In-4°, 8 pp. (Bourges.)

87. — 1683. 1er septembre. — *Les diocèses de Bourges*. In-4°, 8 pp. (Bourges.)

88. — 1683. 4 septembre. — *Le Bullaire de Berry.* In-4°, 4 pp. (Bourges.)

89. — 1683. 15 septembre. — *Les doublets de la langue.* In-4°, 12 pp.

90. — 1683. 20 septembre. — *Le diplomataire de Berry.* In-4°, 4 pp. (Bourges.)
S'arrête à 1322.

91. — 1683. 13 novembre. — *La Régale universelle.* In-4°, 20 pp. (Bourges.)
« Je prétends faire voir aux yeux de toute la terre, comme le 5 novembre 1683, dans le Palais Royal de Bourges, je le fis en présence de mille auditeurs à l'ouverture du Barreau, que le Roy est fondé en Régale dans tout son royaume. »

92. — 1684. 9 août. — *Annales thémistiques de Berry.* In-4°, 4 pp.
De 1301 à 1361.

93. — 1684. 3 septembre. — *Annales ecclésiastiques de Berry.* in-4°, 4 pp.
De 1201 à 1240.

94. — 1684. 3 septembre. — *Annales académiques de Bourges.* In-4°, 4 pp.
De 1466 à 1491.

95. — 1684. 27 septembre. — *Les fastes consulaires de Bourges.* In-4°, 4 pp. (Bourges.)
Liste des prudhommes de Bourges de 1402 à 1474, et des maires et échevins depuis 1474.

96. — 1684. 13 octobre. — *Le siège de Bourges.* In-4°, 4 pp. (Bourges.)
Journal du siège de Bourges du 29 avril au 9 juillet 1562.

97. — 1684. 15 novembre. — *Le calvinisme de Berry.* In-4°, 4 pp. (Bourges.)
Détails sur Alciat, Duaren, Baudouin, etc.

98. — 1684. 25 novembre. — *Les dominateurs du Berry.* In-4°, 4 pp.

99. — 1684. 10 décembre. — *La vie de Mademoiselle Cujas.* In-4°, 4 pp.

100. — 1684. 16 décembre. — *Les alliances de Berry.* In-4°, 4 pp.

Indication des alliances contractées par les principales familles du Berry. Commence à la famille d'*Agurande*, et finit à celle de *Charenton.*

101. — Après 1684. — *Le propre prétendu.* In-4°, 4 pp.

Mémoire dans une contestation entre la dame de Champroy, veuve de Denys Catherinot et le gendre de celle-ci, le sieur de Berlière.

102. — 1685. 2 janvier. — *Remarques sur le testament de M. Cujas.* In-4°, 4 pp.

103. — 1685. 25 janvier. — *Les Romains Berruyers.* In-4°, 4 pp.

104. — 1685. 10 mars. — *L'art d'imprimer.* In-4°, 12 pp.

105. — 1685. 25 mars. — *Traité de l'artillerie.* In-4°, 16 pp.

« La chicane que je professe depuis trente ans comme Avocat du » Roy et comme son Conseiller à Bourges s'accorde assez bien avec » l'Artillerie ; car ce sont deux grands moyens de désoler les Mai- » sons (p. 1). »

106. — 1685. 18 juin. — *Bourges souterrain.* In-4°, 8 pp.

Indique toutes les antiquités trouvées dans le sol de Bourges ; à la suite épitaphe de Catherinot.

107. — 1685. 4 juillet. — *Commission.* In-4°, 4 pp.

Commission qui institue Catherinot receveur provincial alternatif des Décimes de la généralité de Bourges, après la mort et en remplacement de son frère Denis. A la suite abrégé du compte des Décimes pour l'année 1682.

108. — 1685. 1er août. — *Le journal du Parlement (dédié à M. de Guéret).* In-4°, 4 pp.

Journal d'arrêts fait par son père Denys Catherinot ; devait en contenir 150 de 1611 à 1612 ; n'en relate que 10 de 1611. En tête détails biographiques sur le père de Catherinot.

109. — 1685. 20 octobre. — *Traité de la marine.* In-4°, 27 pp.

Le *Journal des Sçavans* du 29 avril 1686 a publié une note sur ce traité.

110. — 1685. — *Tombeaux domestiques.* In-4°, 4 pp.

Epitaphes de divers parents de Catherinot.

111. — 1685. — *Le petit Villebœuf.* In-4°, 4 pp.

Mémoire pour la veuve de Denys Catherinot.

112. — 1686. 2 janvier. — *Les fondateurs de Berry*. In-4°, 8 pp.

A la suite une note additionnelle pour la *Gaule grecque*.

113. — 1686. 2 septembre. — *Gratianus recensitus*. In-4°, 4 pp.

114. — 1686. 9 septembre. — *Chronicon juris sacri*. In-4°, 4 pp. (Bourges.)

Il ne s'agit que des anciens Hébreux.

115. — 1686. 9 septembre. — *Les ducs et duchesses de Berry*. In-4°, 4 pp. (Bourges.)

116. 1686. 25 septembre. — *Imperium romanum*. In-4°, 4 pp.

117. — 1686. 4 octobre. — *Codex Testamentorum*. In-4°, 4 pp. (Bourges.)

118. — 1686. 13 novembre. — *Antediluviani*. In-4°, 4 pp.

C'est, il me semble, une satire assez vive sous les dehors d'une érudition fantaisiste. Catherinot oppose la société antédiluvienne à la société de son temps :

« Nesciebant feuda et vassallos sed probè noverant franca alodia, » sive liberos fundos... Certe non illudebant legibus per fideicom- » missa... Nesciebant beneficia excussionis, divisionis et cedendarum » actionum... Titulos ignorabant..... Ducum, Marchionum et Comi- » tum... Hodie quot homines tot gladiatores... Tributa et vectigalia » tunc nulla; non audiebatur Adjuvaticum, Aericum, Agraticum, » etc. » (Suit toute une énumération de droits féodaux). — « Non- » dum invenerant... furcam et crucem, vectem et rotam, ignem et » culleum, etc. »

119. — Après 1686. — *Les intimés calomniés*. In-4°, 6 pp.

Factum pour le monastère de l'Annonciade de Bourges et Cathe- rinot lui-même contre le monastère de la Visitation de Bourges et divers chapitres.

120. — Après 1686. — *Les appelans injustes*. In-4°, 4 pp.

2e partie du factum qui précède.

121. — 1687. 4 février. — *Jurisconsulti exotici*. In-4°, 4 pp. (Bourges.)

122. — 1687. 26 février. — *Les Philippes de Berry*. In-4°, 8 pp.

123. — 1687. 2 août. — *Traité des Martyrologes*. In-4°, 4 pp.

124. — 1687. 18 octobre. — *Traité de la peinture*. In-4°, 24 pp.

« ... Il n'est point d'homme qui ne doive sçavoir tout au moins

» grayonner et grifoner. La peinture est le langage de toutes les
» nations de la terre et l'écriture se nomme proprement peinture.
» Moy-même en 1675 et 1676 estant à Paris estois fort soigneux
» d'aller à l'Académie des Peintres (p. 1). »

Proverbes et dits remarquables.

Le peintre ne vaut rien s'il ne trompe.

Peignez le naturel mais le beau naturel.

Peinture sur bois ressent l'immeuble et sur la toile ressent le
meuble.

Homme ridé tableau écaillé.

Peintre bleu mauvais peintre, etc. (p. 6).

125. — 1687. — *La date mal contestée.* In-4°, 4 pp.

126. — 1687. — *La rente non-épave.* In-4°, 4 pp.

Mémoire rectificatif de celui de 1678 : *Question d'une rente amortie.*

127. — 1688. 2 janvier. — *Les parallèles de la Noblesse.* In-4°,
11 pp. (Bourges.)

» Je prétends faire voir icy, comme je le fis le 9 de novembre à
» l'ouverture de nostre bailliage de Bourges, que la Noblesse mo-
» derne vaut bien l'ancienne; que la Noblesse des loix vaut celle des
» armes, et enfin que la Noblesse de ville vaut bien celle de cam-
» pagne. »

Le traité est, en conséquence, divisé en trois parties. Dans la première partie l'auteur établit que la Noblesse moderne l'emporte sur
l'ancienne par sa science, sa soumission au Roi et sa soumission à
Dieu. — Sa seconde thèse, Catherinot la justifie par ce syllogisme :
1° L'État a besoin de loix en tout tems (il en faut pour la paix, dit-
il, et ce qui est surprenant, il en faut même pour la guerre, car la
guerre doit être encore plus policée que la paix); 2° La milice n'est
que la succursale de la justice; 3° Comme le députant est plus que le
député, le chevalier des loix est plus que le soldat, et du moins
autant que le capitaine. Il conclut ainsi : « Aucuns passent outre et
» soutiennent par mêmeté de raison que, comme nous avons des
» chevaliers des armes et des loix, nous devons aussi avoir des che-
» valiers de la langue et de la rime, comme Balsac et Corneille, du
» globe et de la sphère, comme Cluvier et Cassini, de la colonne et
» de la voûte comme Michel-Ange et Mensard, du pinceau et du bu-
» rin, comme Le Brun et Nanteuil (p. 7-8). — Dans la 3° partie je
relève cette remarque d'une exactitude douteuse : « Noblesse de
» cloche n'est pas la Noblesse de la mairie, mais c'est la Noblesse
» qui n'est que du côté paternel, c'est une Noblesse de cloche ou
» clocheante (p. 11).

128. — 1688. 12 février. — *La religion unique.* In-4°, 12 pp.

129. — 1688. 10 mars. — *Traité de l'architecture.* In-4°, 24 pp.

130. — 1688. 29 avril. — *Animadversiones ad Basilica.* In-4°, 4 pp.

Catherinot nous apprend que ces remarques sur les Basiliques ont été écrites par lui à l'âge de 19 ans (en 1647), quand il étudiait à Bourges sous Mérille, Mercier et Chenu, et que les Basiliques venaient d'être publiées par son ami Fabrot, d'après les manuscrits de Cujas.

131. — 1688. 22 mai. — *Positiones nomo-canonicæ.* In-4°, 4 pp.

132. — 1688. 18 juin. — *Les pasquinades anciennes.* In-4°, 4 pp.

« Le nom de pasquinades est moderne, mais l'employ est ancien... » Ces vieux poisons sont évaporés et ne peuvent plus nuire. » Catherinot reproduit quelques traits satiriques tirés des auteurs grecs et latins.

J'ajoute à cette liste deux écrits que Catherinot mentionne, mais qui sans doute n'ont jamais été livrés au public ni même complètement imprimés (1). Ils n'existent à Paris dans aucune des bibliothèques où j'ai fait des recherches.

133. — 1656-1657. — *Calendrier historique de Bourges.*

Peut-être s'agit-il d'un calendrier analogue à celui qui est placé à la tête des Règlements du Palais Royal de Bourges. *Faut le revoir,* dit Catherinot, en le citant dans la liste qui termine le *Sanctuaire de Berry* (1er octobre 1680).

134. — 1664. — *Coutume manuscrite du Berry.*

Non achevée d'imprimer, suivant une note de l'auteur (1er octobre 1680). Je suis porté à croire qu'il s'agit de l'ancienne Coutume de Berry, à la publication de laquelle il renonça, après l'avoir préparée, pour en laisser le soin et le mérite à La Thaumassière. (Cf. ce que dit La Thaumassière dans la préface des *Anciennes et nouvelles coutumes du Berry.*)

---

(1) Catherinot, parlant de ses *Notæ ad Testamentum Pithaeanum,* les appelle *Prima hæc mea Fœtura* (*Codex Testamentorum,* p. 1), or, cet opuscule ne remonte qu'à l'an 1660.

Écrits de Catherinot dont je n'ai pu vérifier l'existence.

1. — *Arrêts du Parlement, pour le sieur Catherinot contre le clergé d'Orléans* (cité par le Père Lelong).

2. — *Factum pour Dorquin (idem).*

3. — *Réponse à la main de Scévola (idem).*

4. — *Aux Avocats de France, deux lettres; aux Antecesseurs de France, troisième lettre; du Mariage, leçon (sic) quatrième.* In-4°, *s. d.*, 14 pp. (cité par Clément avec cette note : « Toutes ces lettres contiennent des remarques fort succinctes sur plusieurs loix et matières de droit »).

5. — *Oppositions de la dame de Champroy à l'ordre de Maron* (indiqué dans le *Recueil* de la Bibliothèque nationale comme manquant).

Manuscrits.

Catherinot, à la suite de l'*Art d'imprimer* (10 mars 1685), a dressé le catalogue de ses productions futures. Je ne pense pas que l'on ait jamais retrouvé l'une d'elles en manuscrit (1). Trois seulement ont été publiées par Catherinot lui-même : les *Animadversiones ad Basilica* (1688), les *Parallèles de la Noblesse* (1688), et le *Gratianus castigatus* sous le titre de *Gratianus recensitus* (1686). Néanmoins le document demande à être retenu comme un signe de l'ardeur infatigable de Catherinot, et des vastes projets de ce faiseur de petits livres.

(1) Il n'est fait mention de manuscrits de Catherinot ni dans le *Catalogue des manuscrits de la bibliothèque de Bourges*, par le baron de Girardot (Paris 1859), ni dans un article sur notre jurisconsulte inséré dans les *Mémoires de la Société historique du Cher* (2° série, t. I, 1868, p. 63-81). (L'auteur est M. Laisnel de la Salle.)

L'auteur d'une excellente Histoire du Berry, M. L. de Raynal a bien voulu me communiquer, après que le présent travail avait paru déjà dans la *Nouvelle Revue historique de droit*, une intéressante notice qu'il a en 1836 consacrée à Catherinot dans le *Bulletin de la Société d'antiquités du Cher* (1er volume, 1re livr.). Dans la lettre qu'il a joint à cet envoi, M. de Raynal me dit : « Je n'ai jamais entendu parler d'aucuns manuscrits laissés par Catherinot. »

... « Voicy les principales pièces qui lui restent à imprimer·

QUANT A LA THÉOLOGIE :

1. — Histoire de la Confession.
2. — Histoire de l'Eucharistie.
3. — Histoire des Rites.
4. — Histoire du Célibat.
5. — Histoire des Conciles.
6. — Histoire des Papes.
7. — Histoire des Evêques anciens.
8. — Histoire du Monachisme.
9. — Histoire des Hérésies.
10. — Emprunts de l'Eglise.
11. — Prests de l'Eglise.
12. — Paradoxes sacrés.
13. — Traitté des Miracles.
14. — Traitté des Apothéoses.
15. — Traitté des Reliques.
16. — *Conatus Biblici.*
17. — *Ad Consuetudines Cluniacenses.*
18. — *Ad Imitationem Christi.*
19. — *Variæ Expositiones ad locos singulares Bibliorum.*
20. — *Altercationes.*

QUANT AU DROIT ROMAIN :

21. — *Observationum liber V.*
22. — *Codex Christianus.*
23. — *Chronicon juris ab urbe condita.*
24. — *Triboniasmi Juris Schemata.*
25. — *Juris origines* (1).
26. — *Juris definitiones.*
27. — *Juris differentiæ.*
28. — *Juris formulæ.*

(1) La Bibliothèque de l'Arsenal possède un ancien *Recueil de pièces de Catherinot* en plusieurs volumes. Au nombre de ces pièces on en a rangé une qui porte ce titre : « *De origine progressu ac partibus juris civilis.* » In-4°, 8 pp. Je doute fort que cette pièce soit de Catherinot. Elle ne rappelle ni son style emporte-pièce, ni l'aspect habituel de ses productions (disposition typographique, date, etc.).

29. — *Juris Sigla Graeca forensia.*
30. — *Tributorum laterculum.*
31. — *Clavis observationum Cujacii.*
32. — *Leges antiquæ ex Mose, Declamatoribus et aliis.*
33. — *Paratitla ad Basilica.*
34. — *Animadversiones ad Basilica* (1).
35. — *Glossæ ad Basilica.*
36. — *Stricturæ Nomicæ.*
37. — *Conatus Nomici et Philologici.*
38. — *Bibliotheca juris.*
39. — *Nomici non Nomici ex Oratoribus, Historicis, Poetis*, etc.
40. — *Altercationes.*

QUANT AU DROIT CANONIQUE :

41. — *Gratianus castigatus* (2).
42. — *Inscriptiones Decretalium restitutæ.*
43. — *De Romanis Episcopis.*
44. — *De Patriarchis et Primatibus.*
45. — *De Cardinalibus.*
46. — *De Beneficiis.*
47. — *De Decimis.*

QUANT AU DROIT FRANÇOIS :

48. — Histoire du Droit François.
49. — Histoire des Libertez Gallicanes.
50. — Histoire des Benefices.
51. — Histoire des Dixmes.
52. — Histoire des Fiefs.
53. — Histoire des Offices.
54. — Histoire des Impôts.
55. — Traitté des Chetels.
56. — Traitté des Injures.
57. — Traitté des Libels.
58. — Paralleles de la Noblesse ancienne et moderne (3).
59. — Paralleles du Juge et de l'Evêque.

(1) Publié en 1688.
(2) Catherinot a publié en 1686 : « *Gratianus recensitus.* »
(3) Publié le 2 janvier 1688.

60. — Consultations.

61. — Plaidoyers.

62. — Décisions.

63. — Observations.

64. — Requestes civiles contre plusieurs Arrests ou leur critique, sauf le respect de la Cour.

65. — Abrogation des Procès.

66. — Depre (*sic*) des Decrets, etc.

       Bourges, 10 mars 1685.

           (*A la suite de l'art d'imprimer.*)

Il est assez étonnant que de cette longue liste trois articles seulement aient été publiés par Catherinot, tandis qu'il a produit postérieurement au 10 mars 1685, vingt-cinq opuscules divers qui n'y figuraient pas. Cela pourrait s'expliquer par la circonstance que l'impression de ces opuscules nouveaux aurait été prête dès cette époque.

J'ai, au début de ce travail, émis le doute que Catherinot ait jamais mis par écrit la plupart des traités qu'il annonçait au public. Je dois reconnaître cependant que dès 1683 il déclarait formellement les avoir en portefeuille et exprimait la crainte que, faute d'argent pour les publier, ils ne devinssent la proie des vers.

« ... Personne, dit-il, ne reconnoît la peine que je prends
» pour le public depuis vingt ans : Je ne suis pas si hûreux
» que ceux qui ont de grosses pensions, pour croiser les bras,
» comme un certain Pascal sous Henri II. Je dois néanmoins
» cette reconnoissance publique à M. de Seraucourt, notre il-
» lustre Intendant de Berry, d'avoir voulu m'obtenir, comme
» à deux autres Berruyers laborieux, Messieurs de La Chapelle
     et de La Thaumassière, de la libéralité de feu M. Colbert, une
» pension de six cens livres, que j'eusse consacrée tout entier à
» faire imprimer *cent Pièces que j'ay* sur diverses matières. Mais
» la mort a intercepté ce Mecene des Studieux ; et toutes mes
» pièces n'ont qu'à se bien défendre des vers et de la poudre
» de mon cabinet. »

       De Bourges, ce 13 novembre 1683.

            (*Régale universelle,* p. 20.)

Ce qui témoignerait de la sincérité de ce passage, c'est qu'avec les écrits parus depuis lors et ceux qu'énumère la liste de 1683, on peut reconstituer le chiffre de cent pièces (1).

Il n'est donc pas absolument impossible qu'on retrouve un jour en manuscrit, soit à Bourges, soit ailleurs, une partie au moins des opuscules *qui restaient à imprimer* (2).

Les seuls manuscrits que j'aie pu découvrir à Paris sont les suivants :

1° Des vers latins inédits, notamment des distiques adressés à La Thaumassière sur son troisième mariage, à la fin de 1683 (exeunte 1683). — Ces distiques se trouvent à la fin du *Recueil de la Bibliothèque nationale*, en brouillon avec ratures et en copie. Le brouillon porte en marge, sans aucun doute de la main de La Thaumassière :

28 décembre 1683	23 décembre 1683
jour de mon 3° mariage.	Contrat de mariage.

Voici l'un de ces distiques ; il fera juger des autres :

Thaumasius et Cujacius

Thaumasius trinam, binam Cujacius addit
Uxorem; major dicite quis fuerit?

2° La copie d'une lettre de Cujas. Je la publierai prochainement.

3° La copie du testament de Cujas (3). — Cette copie porte, au bas, de la main de Denis Godefroy :

« Reçu transcrit de la main de Monsieur Catherinot, Con-

---

(1) Postérieurement au 13 novembre 1683, Catherinot a publié 41 opuscules, et la liste ci-dessus comprend 63 numéros, défalcation faite des trois qui ont été imprimés.

(2) Dans une notice sur Catherinot parue dans le *Journal des Savants* un mois environ après sa mort, il est dit « que l'on compte jusques à 130 traitez qu'il a mis au jour, *sans un grand nombre d'autres qui sont demeurés écrits de sa main dans son cabinet* » (*Journal des Sçavans* du lundy 30 aoust 1688, p. 214).

(3) On sait que le testament de Cujas a été publié par La Thaumassière. *Histoire du Berry*, p. 66.

seiller du Roy son advocat au Présidial de Bourges, le jeudy 11ᵉ janvier 1657 » (Bibliothèque de l'Institut. Collection Denis Godefroy T. 307, fᵒ 146-147).

On trouvera peut-être que nous avons donné une place et une importance exagérée à la bibliographie d'un écrivain plus connu pour l'originalité de son esprit que pour la profondeur de ses recherches. Nous ne dirons pas, à notre décharge, que c'est la difficulté seule de la tâche qui nous a séduit. Un trait nous a surtout frappé en Catherinot : sa curiosité insatiable. Il s'attaque à tout, il veut regarder à tout. Antiquités du Berry, origines du droit, art, archéologie, formation de la langue, partout il fouille, partout il creuse, et rarement il s'en retourne les mains entièrement vides. En faut-il d'autre exemple que ces *Axiomes du droit français* que mon cher et éminent maître M. Laboulaye a si vivement mis en lumière, et ce traité des *Doublets de la langue* où Catherinot apparaît comme un véritable précurseur? Ne dédaignons donc ni l'auteur, ni ses minuscules écrits. Peut-être nous saurait-il apprendre à nous nourrir un peu plus d'*essences et de pressis*, et à observer ou noter un peu mieux le crayon à la main?

JACQUES FLACH.

ÉPITAPHE DE CATHERINOT.

Dans l'Éloge de Catherinot, paru au *Journal des Savants* (1688), que nous avons signalé plus haut, se trouve l'épitaphe suivante composée, nous dit-on, par un de ses meilleurs amis.

Ah sortem asperam, duramque nimis
Periit heu!
qui
de rebus Theologicis tam sublimes,
tam disertos de Politicis,
de Historicis tam doctos,
tam elegantes de liberalibus artibus tractatus hactenus ediderat
Nicolaus Catharinus, Biturix,
scriptis ubique notissimus,
sincerâ in Deum pietate, ac purâ,
fideli erga proximum charitate ac justâ commendabilis :
Qui
Consulatum Urbis summa cum laude per triennium gessit;
Forum per triginta tres annos vivæ vocis oraculo illustravit;
Pauperum denique tutelam per quatuor annos continuos suscepit :
Vir certe si quis unquam ad publica commoda natus :
Mortuus 28 Juli anni 1688, horâ Solis descendentis septima,
Ætatis 60. è dolore colico, cui febris, cerebri que violentior
impetus, ac apoplexia successere.
Sepultus in Nosocomio Bituricensi, die 29, subsequentibus liberis,
parentibus, familiaribus et amicis, totius denique Urbis
Ordinibus mœstissimis.
Amico singulari posuit mœrens Franciscus Pinssonius
Des Riolles, *Advocatus Parisinus.*

NOTE ADDITIONNELLE

A LA BIBLIOGRAPHIE DE CATHERINOT.

Je viens de retrouver dans un manuscrit de la Bibliothèque nationale (fonds latin 6069 E) un opuscule inédit de Catherinot qui m'avait échappé lorsque je dressai plus haut la Bibliographie de ses écrits. Il s'agit d'un recueil de notes et renseignements relatifs à Cujas, groupés sous le titre de *Miscellanea de Cujacio* et réunis sans aucun doute à l'intention de Philibert de la Mare qui préparait une vie du grand jurisconsulte. C'est pour de la Mare aussi que Catherinot avait copié diverses pièces intéressantes qui font partie du même manuscrit, et que Savigny a signalées. Les *Miscellanea de Cujacio* sont dans le genre habituel de Catherinot : chapelet de propos interrompus, enfilé sans ordre et sans méthode. Mais comme toujours il s'y rencontre bien des détails piquants et inattendus. En voici quelques-uns :

Claverius scripsit Cujacii vitam ut didici ex epistola Claverii (1).

Summo mane surgebat.

Singulis recitationibus VII horas impendebat.

Contulerat plerosque patres cum libris MS. ut Augustinus, Hieronymus, Salvianus, Optatus, Lactantius, *quos vidi*.

Prælegebat circa annum 1560 Scholia sua ad libros 3 postremos Codicis intra privatos parietes et a singulis auditoribus exigebat quot mensibus 20 asses.

Observationes suas conficiebat ex suis recitationibus. Aiebat se indoctis legere, doctis scribere ; ideo se paucis verbis scribere et ex adverso longas recitationes suis auditoribus parare.

Contio multa sublegisse fama est, addunt quidam et Russardo (2). Utrumque pernego.

Ex Contii congressu et colloquio doctiorem se et meliorem redire non diffitebatur.

J. F.

(1) Étienne Clavière, secrétaire de Cujas.

(2) Catherinot fait certainement allusion à l'édition du *Corpus juris*, annotée par Le Conte et Russard, tous deux professeurs à Bourges.

BAR-LE-DUC, IMPRIMERIE CONTANT-LAGUERRE

JOURNAL
DES SOCIÉTÉS CIVILES & COMMERCIALES
FRANÇAISES ET ÉTRANGÈRES

REVUE DE JURISPRUDENCE, DE DOCTRINE ET DE LÉGISLATION

Publiée par MM :

Alphonse LEDRU | **Fernand WORMS**
Avocat à la Cour de Paris, docteur en droit | Avocat à la Cour de Paris

Sous la direction de MM :

BÉDARRIDES, président à la Cour de cassation ; — **Paul PONT**, membre de l'Institut, conseiller à la Cour de cassation ; — **Edmond ROUSSE**, avocat à la Cour de Paris, ancien bâtonnier ; — **F. LENTÉ**, avocat à la Cour de Paris ; — **H. BARBOUX**, avocat à la Cour de Paris ; — **Charles LYON-CAEN**, professeur à la Faculté de droit de Paris ; — **Louis RENAULT**, professeur à la Faculté de droit de Paris.

Ce journal paraît tous les mois, par livraisons de 3 à 4 feuilles, et forme chaque année un volume de 700 à 800 pages in-8°.

Prix de l'abonnement annuel :

Pour la France et les pays faisant partie de l'Union postale.... **12 fr.**
Pour les autres pays, *les frais de poste en plus.*

Les trois premières années (1880, 1881 et 1882).......... **36 fr.**

JOURNAL DES FAILLITES
ET LIQUIDATIONS JUDICIAIRES, FRANÇAISES ET ÉTRANGÈRES

REVUE DE JURISPRUDENCE, DE DOCTRINE ET DE LÉGISLATION

Publiée par MM :

Jules GENETS, | **Henry DEFERT,**
Docteur en droit, avocat à la Cour d'appel de Paris. | Docteur en droit, avocat au Conseil d'État et à la Cour de cassation.

Sous la direction de MM :

BABINET, conseiller à la Cour de cassation ; — **BARBOUX**, avocat à la Cour d'appel de Paris, bâtonnier de l'ordre ; — **BEAUPRÉ**, avocat à la Cour de Paris ; — **GONSE**, directeur des affaires civiles au Ministère de la Justice ; — **LOUBERS**, avocat général à la Cour de Paris ; — **LYON-CAEN**, professeur à la Faculté de droit de Paris ; — **MAGNIER**, avocat à la Cour de Paris ; — **MONOD**, conseiller à la Cour de cassation ; — **RIBOT**, député, ancien secrétaire général du Ministère de la Justice.

Ce journal paraît tous les mois, par livraisons de 3 à 4 feuilles, et forme chaque année un volume de 700 à 800 pages in-8°.

Prix de l'abonnement annuel :

Pour la France et les pays faisant partie de l'Union postale.... **12 fr.**
Pour les autres pays, *les frais de poste en plus.*

La première année parue en 1882..................... **12 fr.**

Bar-le-Duc. — Imprimerie Contant-Laguerre.